per / for Éric

BRUNET SAUNIER ARCHITECTURE

PAUL ARDENNE / SEBASTIAN REDECKE

NOTE DI PRESENTAZIONE / PRESENTATIONS / MARIE-ANGE BISSEUIL

BEYOND APPEARANCES

OLTRE LE APPARENZE

ANTE PRIMA   SilvanaEditoriale

SOMMARIO / SUMMARY

PAUL ARDENNE / UN PRAGMATISMO OFFENSIVO SEMPRE RIMESSO IN GIOCO
A CONSTANTLY QUESTIONED AND ASSERTIVE PRAGMATISM

È dall'inizio degli anni Ottanta che il lavoro di Brunet Saunier Architecture accompagna lo sviluppo delle commesse pubbliche. Lo studio si è specializzato nella realizzazione di strutture collettive funzionali – ospedali e centri di riabilitazione, asili nido, conservatori, edifici per uffici o residenziali, spazi commerciali... – sempre pensate in base alla loro tipologia. Obiettivo: arrivare, per ogni tipo di edificio con una funzione precisa (ospedaliera, di soggiorno temporaneo, abitativa, di passaggio, di consumo e così via), alla proposta più pertinente in relazione alla committenza e al contesto. In un quarto di secolo di attività, Brunet Saunier Architecture ha saputo sviluppare una concezione pragmatica dell'arte della costruzione. Prima di essere gesto altisonante, ideologia, proclamazione simbolica o moda, l'atto architettonico deve badare a non trascurare mai quello che per Jérôme Brunet ed Éric Saunier[1] è il suo imprescindibile punto di partenza: l'analisi della richiesta fatta all'architetto dai suoi committenti. Così concepita, l'architettura non è una proposta predefinita, autoritaria o autistica, ma piuttosto una risposta. Il disegno della futura costruzione è legato al luogo e a condizioni sempre particolari di accoglienza, ma anche di adattamento ottimale dell'architettura al progetto, nel senso della prestazione pratica e del miglioramento funzionale da realizzare edificio dopo edificio.

The work by Brunet Saunier Architecture has been marked, since the early 1980s, by public commissions. It has specialised in functional public buildings such as hospitals and rehabilitation centres, day care centres, conservatories, office and residential buildings, shopping centres, etc., always visualised through their specific typologies. The aim is that the proposal made for each type of building and its specific use (be it a hospital structure, short-stay centre, housing, service, consumption, etc.) should be as relevant as possible and fully meet the needs of the commission and the context. Since its creation 25 years ago, Brunet Saunier Architecture has developed a pragmatic approach to the art of building. Rather than an extravagant gesture expressing an ideology, or a symbolic or fashionable proclamation, architectural design must first assure that it does not neglect what for Jérôme Brunet and Éric Saunier[1] constitutes its inescapable point of departure: a detailed examination of what the client seeks from the architect. Seen as such, architecture is above all a response rather than a pre-programmed authoritarian or inward looking proposal. For this architectural firm, the future building needs to take into consideration the site, the reception conditions which are always highly specific, as well as the optimal adaptation of the architecture to the project in terms of its practical performance and the functional improvements that have been developed from one building to another.

LO SCAMBIO FATTUALE

L'istituto Saint-Pierre, completato nel 2000 a Palavas-les-Flots, offre un perfetto esempio di questo approccio meditato che opera invariabilmente nel senso del massimo interfacciamento. L'edificio si presenta come una gradevole struttura dalla pianta a U, più sviluppata in senso orizzontale che verticale. Visivamente piacevole, generosamente aperto sul Mediterraneo e posto su un semplice basamento che funge da zoccolo ma anche da elegante piedistallo, esso presenta forme geometriche e insieme sinuose armonizzate al profilo piatto della costa, oltre che un numero contenuto di piani (pianterreno + 3) che ne sottolineano l'orizzontalità. In breve, un buon risultato estetico. Frutto di un interesse prioritario per il bello? No di certo. Ascoltiamo Jérôme Brunet — non fosse altro che per relativizzare l'importanza da attribuire all'aspetto esteriore del sito — parlare della genesi di questo istituto di riabilitazione funzionale per bambini richiesto da una committenza privata e, visti i tempi strettissimi, progettato in appena una decina di giorni: "Siamo di fronte al Mediterraneo. Le stanze per i degenti dovranno

EXCHANGES

Institut Saint-Pierre in Palavas-les-Flots, delivered in 2000 by Brunet Saunier Architecture, provides a example of this reflective approach. In appearance, it is an attractive low-level building with a U-shaped plan layout. Generously opening onto the Mediterranean, the building sits on foundations serving as a base and an elegant pedestal. The visually attractive design incorporates geometric and elegant forms that echo the flatness of the coastline while the reduced number of floor levels (four storeys) enhance its horizontality. It is clear that the project is an aesthetic success, but was attractiveness the priority? Probably not. It is worthwhile reading the words of Jérôme Brunet, if only to contextualise the importance given to the building's appearance and to understand the fundamental approach taken to this institute of functional rehabilitation for children, commissioned by a private client, and which, due to the tight schedule, was designed in just ten days: "The building overlooks the Mediterranean and the residents' bedrooms obviously needed to give onto the sea. The problem we had to confront was that the length of the elevation permitted by the building site was limited to a hundred metres, a distance insufficient to meet

ovviamente affacciare sul mare. Problema: la linea di facciata consentita dal terreno da edificare è di appena cento metri e non può bastare a realizzare l'esposizione orientata delle zone di degenza. Unica soluzione percorribile, svuotare la linea di facciata, aprirla, scavarla. Ed ecco delinearsi la pianta. A questo punto non rimane altro da fare che collocare le strutture di degenza su una piattaforma tecnica, in elevazione, e disporre l'edificio su più livelli. Questa suddivisione in piani permette la creazione di terrazze che vanno a prolungare le stanze e di un tracciato di camminamenti utili nel quadro concreto della terapia"[2]. Un'analoga attenzione all'ambiente circostante è attestata da un'altra struttura realizzata a qualche anno di distanza: l'IRR-IFE di Nancy, completata nel 2007[3]. Questo istituto di riabilitazione funzionale per adulti sembra in tutto e per tutto un edificio naturale per non dire "semplice", armoniosamente inserito nel tessuto urbano circostante. Al contrario, è anch'esso frutto di una riflessione approfondita che abbina i parametri del sito, il contesto dell'installazione e la dinamica di effetto potenzialmente generata dal nuovo edificio, il tutto elaborato nell'ottica di unificare e valorizzare un quartiere della città. Di altezza media, l'edificio dell'IRR-IFE rispetta non senza ragione le proporzioni delle costruzioni attigue, evitando l'ostentazione e la distinzione marcata. Costruito su pilotis dipinti di nero, un colore che non interrompe la traiettoria dello sguardo, ha cura di fondersi nel contesto senza spezzare la visuale e soprattutto mantenendo le prospettive aperte del quartiere in cui sorge, diviso in due zone distinte ma visivamente omogenee da un canale. La struttura scavalca quest'ultimo in maniera funzionale, secondo il principio dell'edificio-ponte, permettendone l'attraversamento e acquistando superficie utile perpendicolarmente all'acqua. All'ultimo piano sono state collocate alcune strutture che

the need to offer seaward views to the reception areas. The only realistic solution was to increase the length of the elevation by hollowing it out. This provided the plan layout. All that was then needed was to position the accommodation structures over a technical support centre located within the superstructure and then stack the floor levels. This stacking permitted the incorporation of terraces extending the bedrooms as well as the layout of the footpaths needed within the framework of the therapies[2] being provided". A more recent building bears witness to this same important need to adapt to local conditions: the IRR-IFE in Nancy, completed in 2007.[3] On first examination, this institute of functional rehabilitation for adults appears to be a completely natural "easy" building that seems to effortlessly and harmoniously blend into the surrounding urban fabric. Once again, the building is the result of intense reflection that combined the site parameters, the context of the location and the dynamic effect resulting from the new building itself. The incorporation and blending of all these aspects has had the effect of unifying and enhancing the city district in which the institute is located. With its restrained height, the IRR-IFE building quite properly respects the height of the surrounding built environment, avoids being ostentatious and blends into its surroundings. Seated on black painted piles, a colour that does not draw attention to itself, the building incorporates itself into the local setting by not breaking up the views and, in particular, by maintaining the perspectives along a canal that cuts through the district and separates it into two visually homogenous zones. Adopting the principle of a bridge building, it functionally spans the canal allowing movements across it while also gaining large quantities of surface area giving directly onto the waterway. Small accommodation units have been installed on the upper level. Their discontinuous

richiamano la villetta di città. La loro presenza discontinua rompe la lunga linea orizzontale dell'edificio, che altrimenti risulterebbe poco armonizzata col ritmo visivo delle comproprietà che contraddistinguono i dintorni. Il gioco della luce (proveniente dall'esterno e all'interno dell'edificio) risponde infine a quello dello scintillio dell'acqua, a sua volta riflesso dalla "pelle" vetrata che avvolge l'edificio. Sintesi di rigore, efficienza ed effetto su cui non si sa bene se sia stato il sito o l'architetto a imporre la propria legge. "A volte è il sito che muove la matita" spiega Jérôme Brunet, precisando però che può verificarsi anche il contrario. Per questa ragione: più che invadere un sito, l'edificio è qualificato a distinguerne ed evidenziarne le caratteristiche, nel senso di uno scambio, termine a termine.

SERVIRE IL CONTESTO SENZA SUBIRLO

Mettere in pratica uno "scambio"? Questa stessa volontà di fusione ha ispirato la concezione del futuro Museo di arte moderna di Varsavia (gara, 2007). Per quanto riguarda la collocazione, i committenti ufficiali hanno previsto che esso vada a occupare uno dei perimetri della capitale polacca più difficili da "abitare", sul bordo del piazzale del Palazzo della cultura, massiccio grattacielo staliniano di eredità comunista. Se il sito è "significato" da una pesantezza e da proporzioni pompeiane, la giusta risposta architettonica invocherà al contrario una maggiore leggerezza, una sottrazione, una dematerializzazione, almeno per quanto lo consentono lo spazio di edificazione e il suo

appearance - reminiscent of detached town houses - breaks up the building's long horizontal line which contrasted with the visual rhythm of the typical surrounding housing. The interplay of light (both indoor and outdoor) echoes that of the reflections off the canal which provide a watery image of the glazed skin enveloping the building. It is difficult to know whether this alliance of care, efficiency and effect results from the site itself or from the ideas imposed by the architect. "Sometimes it is the site that governs the situation and the architect that must adapt to its requirements" explains Jérôme Brunet, who adds that the opposite can also be just as true, for the simple reason that a building, rather than just investing a site, must also qualify it and emphasise its specific characteristics within the framework of a two-way exchange.

SERVING THE CONTEXT WITHOUT BEING IN ITS THRALL

How to develop an "exchange"? The design of the future Museum of Modern Art in Warsaw (competition, 2007) provides yet a further example of this amalgamating approach. The commissioning body had chosen one of the most difficult areas in the Polish capital for the location of the museum, along the edge of the esplanade giving onto the Palace of Culture and Science, a tall Stalinist skyscraper inherited from the Communist era. On a site remarkable for its massiveness and Pompeian proportions, the right architectural solution is to provide something light, to eliminate matter and use dematerialisation, at least as far as permitted by the proposed site and its inherited context which, in this particular case, is very restrictive. For this reason, the museum designed by Brunet Saunier Architecture with Atelier 9 Portes

contesto originario, in questo caso molto vincolanti. Il museo progettato da Brunet e Saunier si distingue quindi per la sopraelevazione delle zone di accoglienza che lascia passare aria nel nuovo edificio, e per le facciate leggere, costituite da vetrate orizzontali o a cassettoni, il cui effetto contrasta l'imponenza del blocco di facciata attraverso la dissociazione spaziale delle sue varie unità (museografica, di animazione, amministrazione…), opponendo così il frammento alla totalità. Scelta del contrappunto produttivo, non autistico (generare diversità e contrasto), ma connesso alla situazione data. Un uguale interesse per l'interazione dinamica tra costruzione e sito è riscontrabile nel nuovo edificio per uffici di forma triangolare progettato da Brunet e Saunier per la Part-Dieu (progetto, 2006; realizzazione in corso), non lontano dalla famosa "matita" che ospita la sede locale del Crédit Lyonnais, al confine tra Lione e Villeurbanne. Fiancheggiato da un ampio viale, questo edificio dalla prua affilata è caratterizzato da una pianta che segue strettamente la forma del terreno da costruire, fatta eccezione – un'eccezione calcolata – per lo svuotamento di una parte della facciata, intenzionalmente collocata dagli architetti in posizione arretrata rispetto all'asse stradale. Questo arretramento risponde a una ragione tattica: esso "modella" l'edificio, al quale conferisce un profilo specifico in uno spazio urbano privo di connotazione, e crea uno spazio intermedio a gradoni tra zona di transito e zona di lavoro. Una semplice incisione sulla pianta, forse, ma il suo effetto radicale è di personalizzare l'edificio conferendogli ariosità (nello spazio rimasto libero sarà collocata una piazzetta alberata) e un'identità propria in un paesaggio di uffici disperatamente uniforme. Altra scelta di Brunet e Saunier in contrasto con la regola della costruzione mono-orientata: i due architetti hanno tenuto conto del

and Philippe Harden, is characterised by the raised setting of its reception areas - a solution that allows air to sweep into the new building -, its lightweight elevations - either clad in flat glass or coffered panels and providing an effect that is quite the reverse of a massive solid block elevation -, and the spatial dissociation of its various units (museographical, activities, administrative, etc.) - creating an interplay between fragments and the overall effect. The decision was taken to create a productive counterpoint rather than an inward looking solution (generating differences and disagreements), an architecture fully connected to its surrounding environment. The same concern for dynamic interactivity between building and site can also be seen in the new triangular office building designed by Brunet Saunier Architecture in the Part-Dieu district of Lyon (design, 2006; under construction), not far from the famous "pencil" building containing the local Crédit Lyonnais head office lying on the junction line between Lyon and Villeurbanne. Bordering a wide boulevard, this building with its sharp prow is characterised by a plan layout that closely follows the shape of the building site, with the calculated exception of an area of hollowed out elevation that steps back from the street alignment. This architectural device designed by the architects is tactical as it "moulds" the building, giving it a silhouette in an otherwise uninteresting urban space while creating a porch providing an intermediary space between the road and the work space. While on plan the porch simply resembles a notch, it has the effect of making the building stand out by creating a set-back (a landscaped square will occupy the empty space) and a specific identity in a landscape of desperately boring office buildings. Another choice made by Brunet Saunier Architecture that goes against the rules for a building with a single orientation was to take into consideration the fact that the railway tracks leading to the nearby Part-Dieu station run along the rear of the new office building they have designed, making it an "event" seen by the tens of thousands of commuters travelling in or out of Lyon. Rather than create a second rear "elevation", the building is

fatto che i binari ferroviari diretti alla vicina stazione della Part-Dieu, i quali costeggiano il retro del nuovo edificio per uffici, fanno di quest'ultimo uno "spettacolo" visto ogni giorno da decine di migliaia di viaggiatori che arrivano o partono dalla capitale dei Galli. Anziché creare una seconda "facciata" posteriore, l'edificio è stato unificato mediante un rivestimento in vetro a specchio riflettente che ne circonda tutto il perimetro, conferendogli la duplice apparenza di scrigno e di schermo. Tener conto delle specificità di ogni situazione, far valere la cultura dello specific building – la scelta dell'utilitarismo "che serve". Il funzionalismo versione Brunet e Saunier non ha l'ossessione delle norme e diffida del credo universale caro al funzionalismo tradizionale (stessa superficie abitabile, stessa altezza dei soffitti, stessa altezza dello schienale delle sedie ecc., per ogni abitante della Terra, dal Borneo a Manhattan). Esso si distingue più volentieri per la volontà di rendimento. A quest'ultimo sono "consacrate" la morfologia e l'estetica del costruito, debitrici dei dati endogeni. Qui non ci si prendono libertà né con l'aspettativa del committente (che vuole costui? qual è la natura esatta della sua richiesta?) né con il genius loci, fosse anche di natura deprimente o noiosa come a Varsavia o alla Part-Dieu. Come scrive giustamente Sebastian Redecke, Brunet e Saunier "si mostrano indifferenti all'architettura autoreferenziale come all'idiosincrasia (…). Indifferenti al manifesto, si impegnano a tener conto dello scopo dell'edificio, per arrivare a soluzioni ogni volta diverse nel dettaglio"[4]. Soluzioni in cui il regime della fede varia in funzione di ogni nuovo progetto, di ogni nuovo cantiere, mentre alla visione programmatica, ideologica o spettacolare si sostituisce un'architettura della circostanza. Il che non esclude evidentemente la grazia, la quale può scaturire anche

provided with a unifying screen-printed two-way mirrored skin that wraps around its entire circumference, giving it the dual appearance of being both a glass box and screen. The approach taken by the architects is to take into consideration the particularity of each situation and thus develop a culture based on the design of *specific buildings* whose utilitarian functions serve the architecture. Functionalism, as interpreted by Brunet and Saunier, is not based on a strict respect of standards. It takes a defiant position against the universal credo anchored in traditional functionalism (the same habitable surface area, the same ceiling height, the same chair back height, etc., for each human being, from Borneo to Manhattan). On the contrary, what makes these architects stand out is their desire to provide performance. The morphology and aesthetics of their buildings are given a greater degree of freedom and may even be said to be "dedicated" to this end, providing answers to the endogenous data. No liberty is taken with the building owner's expectations (what he wants, the exact nature of his needs) or with the pervading spirit of the setting which, in both Warsaw or Part-Dieu, is rather depressing and boring. As aptly written by Sebastian Redecke, Brunet Saunier Architecture "are indifferent to self-referential architecture and idiosyncratic approaches, indifferent to manifestos. They commit themselves to the purpose of the building and the result is solutions whose details are always dissimilar from one another"[4]. Their spirit varies according to each new project and each new site. Programmatic, ideological and spectacular visions are replaced by an architecture of circumstance. This obviously does not exclude the grace that can arise through the use of this methodological option that can be seen as opportune, the primacy of relevant integration: given this, beauty is simply the result of what is well and logically designed. Brunet Saunier Architecture could simply be fully contextual; in which case, the building would do no more than pay tribute to its reciprocity with its environment, blending in to a point where the architecture in itself is completely abdicated. But they go far beyond this contextual

da un'opzione metodologica che potremmo definire opportuna, ovvero il primato dell'integrazione pertinente: il bello, in questo caso, è la conseguenza di ciò che è progettato in modo logico e adeguato. Brunet e Saunier potrebbero essere solo contestuali ed esserlo in maniera assoluta. La costruzione, in tal caso, celebrerebbe la reciprocità con l'ambiente circostante fondendosi con esso, fino alla completa abdicazione dell'architettura in sé. Ma loro vanno ancora oltre. Il contesto? Sì, ma come fattore generante, come realtà con cui negoziare. Brunet e Saunier considerano sempre il contesto un elemento determinante, ma a condizione di creare una tensione. L'architettura come fattore di arricchimento a doppia azione, in favore del sito e in favore della costruzione stessa. Fare i conti con ciò che si ha per migliorare.

ARCHITETTI TIPOLOGI

Il ripetersi della commessa "dedicata" – in altre parole, lo specializzarsi in un certo tipo di edifici – ha in generale questo effetto: tentato di praticare il copia-incolla, l'architetto smette ben presto di pensare, cade nella ripetizione e sfrutta il già fatto a rischio di diventare, senza nessuna grandezza e nella totale poltroneria, l'equivalente del builder, quel deturpatore dello spazio contemporaneo costruito che dispensa le stesse "macchine da abitare" da un capo all'altro del mondo, ad nauseam. Seduzione in un certo senso legittima della

approach. Context is used as an inseminating agent and a reality on which to begin negotiating. While Brunet Saunier Architecture always grasp the context, treating it as a determining element, it is on condition of being able to create a level of tension, with the architecture acting as a double-barrelled enrichment targeting the site and the building itself. It is simply a case of using what is available to do more.

TYPOLOGICAL ARCHITECTS

The repetition of "dedicated" commissions - in other words specialising in a given type of building - generally has the following effect: the architect soon stops thinking and is tempted to use cut and paste techniques. He or she falls into repetition and exploitation of what has already been done, without greatness and with increasing laziness, and becomes the equivalent of a builder, a disfigurer of the contemporary built environment, a supplier of the same "machines for living" throughout the world, ad nauseam. These commissions provide a temptation to use duplication and easy adaptation. Concerning these "dedicated" commissions, Brunet Saunier Architecture have become specialised in hospital buildings and, in France, have become the main providers. However, each of their hospital projects aims to improve their definition of the "hospital" as an architectural object by developing new ideas and learning from past experience, without falling into the error of repeating themselves. Their aim is to continue to refine their typology and avoid becoming mired in the past. A hospital should be a setting providing the

duplicazione, della declinazione facile. In materia di commesse "dedicate", Brunet e Saunier si sono specializzati in strutture ospedaliere, di cui sono diventati, in Francia, i principali fornitori. Stando bene attenti, per ciascuno dei loro progetti, a progredire, ad affinare di volta in volta la loro definizione dell'oggetto architettonico "ospedale" senza cadere nell'autocitazione. Una tipologia che vuol essere evolutiva, piuttosto che sedimentata. Cosa si richiede all'ospedale, se non la migliore qualità possibile dell'accoglienza e dei servizi? Edificio-tipo per eccellenza, luogo della gestione medica della vita minacciata e della morte da scongiurare, l'ospedale connota l'idea di massima efficienza: non vi si entra mai per bighellonare ma, in maniera più allarmista, perché la meccanica del corpo richiede di essere rimessa in sesto seduta stante, nel più breve tempo possibile. In termini di spazializzazione delle attività ospedaliere, questo primato dell'efficienza si traduce con un'organizzazione impeccabile e una necessaria articolazione dinamica degli spazi "che servono" e degli spazi "serviti", ma anche con un imperativo di fluidità: duplice imperativo, nella fattispecie, di divisione e di circolazione ottimale tra le diverse zone di attività. La pianta, lo si è capito, riveste allora un'importanza capitale. Si rammenterà a questo proposito la lezione "strutturale" data dagli ospizi medievali di Beaune, tra i primi ospedali moderni. La pianta "giusta"? Quella che non contraddice l'organizzazione razionale dei compiti, la realtà delle situazioni specifiche e della loro interazione: una pianta, trattandosi dell'ospedale, che ritaglia spazi semplici e ampi, fortemente strutturati, per dividere le attività di cura e di convalescenza, in stretta comunicazione le une con le altre, in cui il passaggio è facilitato. Vedere innanzitutto l'ospedale come una struttura "pianta" è tutto tranne che incoerente. Piattaforma di

best possible reception services and facilities. It is the epitome of a standard building, a place where medical management has to deal with potentially life-threatening situations. A hospital connotes the idea of maximum efficiency: people never enter to idle away time but rather because the body's mechanics need working on rapidly, and as rapidly as possible. In terms of the spatialisation of hospital activities, this essential need for efficiency is translated by faultless organisation and a necessary dynamic articulation between "serving" spaces and "served" spaces, as well as by the vital need for fluidity. This results in a dual imperative based on optimal partitioning and circulation movements between the various activity zones - and therefore the fundamental importance of the plan layout. This brings to mind the "structural" lesson offered by the medieval hospitals for the poor and needy in Beaune, one of the world's first modern hospitals. The right plan layout is one that does not contradict a rational organisation of tasks, the reality of specific situations, and the links between them. For a hospital, the plan needs to organise highly structured, simple and large spaces that separate the care and convalescence activities, while ensuring that they can easily communicate with one another. To begin by analysing a hospital as a "plan" structure is everything but incoherent. It is an operational platform whose design demands that gratuitous architectural gestures be put to one side. In their reiterated approach to the "hospital" object, Brunet Saunier Architecture have always maintained their logic of placing emphasis on the plan. The plan is invariably simple and geometric, favouring a "box" space which, as we all know, is the shape that permits the maximum habitable surface area within a given volume. Their approach to the plan layout is equally invariable, favouring efficient organisation. Large floor areas, always penetrable, equipped with rectilinear

operatività la cui progettazione impone di allontanarsi dal gioco architettonico fine a se stesso. Nel loro approccio reiterato all'oggetto "ospedale", Brunet e Saunier hanno sempre logicamente avuto cura di privilegiare la pianta. Invariabilmente semplice, geometrica, che favorisse lo spazio "scatola": quello, come si sa, che contiene la massima superficie abitabile rispetto al volume disponibile. La pianta così concepita facilita, in maniera altrettanto invariabile, la disposizione spaziale. Ampie piattaforme, sempre penetrabili, dotate di corridoi rettilinei che qui si presentano come altrettante superfici facilmente utilizzabili, in alcuni casi disponibili a future estensioni o a un cambiamento di vocazione o di destinazione pratica: modularità possibile. Se valorizzano un modello "tipo" di pianta, non per questo Brunet e Saunier si ripetono in maniera rigida: il dettaglio cambia, la distribuzione spaziale delle diverse sezioni è ogni volta ripensata, alcune opzioni sono o meno rese possibili secondo i luoghi e il progetto. Altro aspetto che caratterizza l'ospedale concepito da Brunet e Saunier: l'attenzione all'esterno, alla "pelle" dell'edificio, che progetto dopo progetto dà a sua volta luogo a una riflessione profonda. Alla freddezza della pianta ortogonale, dettata dalla funzione, corrisponde pertanto un interesse ad abbellire l'apparenza dell'edificio in una duplice prospettiva, contestuale da una parte, d'integrazione locale dall'altra. Il contesto, per l'utente dell'ospedale, è quello della malattia, il che richiede all'architetto di tener conto della nozione psicologica di trauma. Entrare in ospedale, restarvi per il periodo delle cure, vuol dire superare una fase difficile dell'esistenza, difficoltà temperata dalla forma "addolcita" che l'esterno degli ospedali ideati da Brunet e Saunier acquista con lo schermo di vetro colorato o la proiezione di immagini video sulla facciata o sulle superfici a vetri dei lucernari, trasformati in patii animati. Quanto all'integrazione locale, essa deriva dall'immagine stessa che l'ospedale deve produrre

passageways, provide surface areas that are easy to organise and, in certain cases, able to anticipate future extensions and changes in use. Modularity is a vital factor. There is no strict repetition as such and Brunet Saunier Architecture place emphasis on the need to provide a typical plan model that allows the details to change, with the zoned distribution of the various sections being reconsidered for each building given that certain options may or may not be possible depending on the premises and the project. Another aspect of the specific way that the hospital is handled by Brunet Saunier Architecture is the attention given to the envelope, the building's "skin", which, from one project to another has been subject to considerable and continued reflection. In contrast to the coldness of the orthogonal layout, an aspect dictated by the hospital's function, great care is taken to assure the elegance of the building's appearance. There are two reasons for this, one being contextual and the other an understanding of the need for local urban integration. The context, for the hospital user, is that of illness, and this requires that the architect take into consideration the psychological aspect of the traumatic experience. Entering a hospital and staying there for the duration of the treatment means integrating a difficult phase of existence, and this difficult period is tempered by the softened form of the "skin" to be found cladding the hospitals designed by Brunet and Saunier. Use is made of tinted glass screens and events such as the projection of video images onto elevations or the glazed surfaces of light wells which become transformed into busy patios. The integration into the local urban environment is achieved by the image that the hospital produces in its environment which is never neutral but rather designed as a correction, a compensation or an extension. In Lagny, not far from Disneyland Paris, the hospital deliberately opposes a vulgar phantasmagorical universe through its austere and rational form. In Cannes, the new hospital's "skin" and the layout of its surrounds make reference to the Croisette with

nel proprio ambiente, un'immagine mai neutra, concepita come una correzione, una compensazione o un prolungamento. A Lagny, non lontano dal sito di Disneyland Paris, l'ospedale oppone deliberatamente la sua forma austera e razionale a un universo di ordinaria fantasmagoria; a Cannes, la "pelle" del nuovo ospedale e la realizzazione dei suoi immediati dintorni richiamano la Croisette, in modo da consentire agli abitanti della città di ritrovare uno spazio pubblico a loro familiare; a Tolone, l'ampia passeggiata attrezzata attigua al futuro ospedale progettato da Brunet e Saunier evoca un effetto "rambla", con riferimento ai larghi viali per il passeggio tipici delle città mediterranee. Tipologia evolutiva, quindi, in cui l'ospedale, struttura funzionale, diventa anche un fattore della pianificazione locale, nell'ottica sussidiaria ma non secondaria dell'omogeneizzazione sensibile del territorio.

UN'ALTRA TEORIA

Per lo storico dell'architettura, l'interesse per il lavoro di Brunet e Saunier deriva dalla loro sorprendente capacità di allontanarsi da tutto quello che ha costituito, in quest'ultimo quarto di secolo, un punto di riferimento in termini di opzioni dominanti, di stile o di moda. Al punto che si è tentati di leggervi un chiaro segno di indifferenza. Tranne forse rare influenze, comunque da dimostrare – Louis Kahn, per il Salk Institute di La Jolla, le case del Canton Ticino di Mario Botta – il percorso di Brunet e Saunier in realtà elude in maniera evidente i quattro "momenti" di storia delle forme architettoniche che hanno segnato il periodo recente: neomodernismo,

the intention of providing a public space known and familiar to those living in the town. In Toulon, a "rambla" effect is sought through the incorporation of a wide promenade laid out next to the future hospital designed by Brunet and Saunier, making reference to the typical large promenade spaces to be found in Mediterranean cities. The typologies change from one project to another and the hospital, a clearly functional structure, contributes to local life. This equally important second aspect aims to prevent progressive standardisation from imposing itself.

ANOTHER THEORY

For an architectural historian, the interest of the architecture designed by Brunet Saunier Architecture results from their astonishing capacity to completely detach themselves from all that over the last quarter century might have been considered a fixed point in terms of dominant options, style or fashion. With perhaps the exception of certain influences such as Louis Kahn's Salk Institute in La Jolla and the Tessin houses by Mario Botta, they might even be accused of indifference to surrounding world of architecture. The route taken by Brunet Saunier Architecture clearly evades the four key moments having marked the recent history of architectural forms: neomodernism, postmodernism, deconstructivism and the "non-standard" culture. There is no criticism of this omission, with the exception of the justified rejection of the neomodernism that accompanied them through architectural school in the form of an invasive "Corbusier Revival" that was particular to France and which for many years was continued within the stifling framework of academic education. For the rest, concepts such as

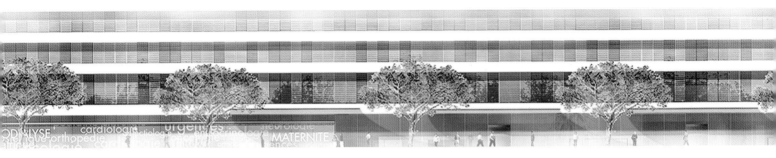

postmodernismo, decostruttivismo, cultura del "non standard". Nessun disprezzo in questa elisione, tutto sommato, tranne per il rifiuto motivato di quel neomodernismo di cui sono intrisi gli anni della loro formazione, nella specie di un "Corbusier Revival" dei più invadenti, in particolar modo in Francia, a lungo riproposto nel contesto soffocante dell'insegnamento accademico. Per il resto, le nozioni di conformità alla richiesta, di massima specificità ed efficienza dell'edificio, più di ogni altra care ai due architetti, hanno giocato un ruolo di firewall. Senza fare del loro lavoro – precisiamolo – un compito ingrato, una produzione noiosa. L'innovazione, paradossalmente, può non risiedere nella forma inedita. In modo certamente meno spettacolare ma in fin dei conti più apprezzabile, essa si celerà tanto nella disposizione logica quanto nell'articolazione pratica o pratico-estetica pertinente. La storia delle forme così com'è concepita da Brunet e Saunier è una storia del divenire utile. Nella pratica architettonica recente, una tendenza che emerge in maniera evidente è quella dell'"ampliamento concettuale". Domanda implicita: fino a che punto si può giocare con la nozione di "edificio", a partire da quando il costruito, in quanto iperlavorato, deformato, diventato infine una proposta assolutamente autonoma che sfrutta il proprio virtuosismo, è assimilato a un'opera d'arte più che a un oggetto che dovrebbe servire, svolgere un ruolo e rispondere a una domanda di utilizzo motivata? Per estensione, fino a dove si può, a rischio di dimenticare l'architettura e negarne la vocazione primaria, estendere il suo stesso concetto? "Ampliare" il concetto di "edificio" equivale, in realtà, ad attribuire all'architettura una missione specifica ad alto grado di divergenza: la realizzazione tridimensionale di una depravazione

compliance with the demand, specificity and maximum operationality of the building, valued above all by the two architects, played the role of firewall. And this has been achieved without their work becoming boring or repetitive. Paradoxically, innovation is not necessarily based on the inventive form. Although less spectacular but, at the end of the day, more appreciable, it could well be based on logical layout, practical links and the aesthetics of the practical aspects. The history of forms as envisaged by Brunet Saunier Architecture is a history of useful futures. In terms of recent architectural practices, one of the noteworthy trends is that of "conceptual stretching". An underlying question: just to what point can one play with the concept of "building" - just when does the building, because overly worked, because deformed and, at the end of the day, a completely self-contained proposal based on its own virtuosity, become more a work of art than an object supposed to serve, fulfil a role and meet the needs of its occupants? By extension and at the risk of forgetting architecture and denying the building's fundamental vocation, just how far can its very concept be "stretched"? "Stretching" the concept of "building" is tantamount to crediting architecture with a specific mission that incorporates a high level of divergence, being the three dimensional expression of a mental overflow. This can result in one of the fetish missions of deconstructivism, a movement that seems to have lost its primary objective, being the critical analysis of organised forms, and its expression through the promotion of forms that lack any justification apart from their symbolic significance: the crumpled forms designed by Frank Gehry that are supposed to evoke the chaotic future of matter itself; the broken and contrasting forms by

mentale. Qui ritroviamo al tempo stesso una delle missioni preferite del decostruttivismo, subito dimentico del suo obiettivo primario, e il suo miglior segno ricognitivo: l'appiattimento critico del concetto di forma organizzata e la promozione di forme la cui unica giustificazione è di essere simbolicamente significanti. Quelle stropicciate di Frank Gehry, che dovrebbero evocare il caos della materia; quelle rotte e contrastanti di Daniel Libeskind, derivanti da una visione spezzata e paranoica del mondo; quelle piegate e ripiegate, di ispirazione costruttivista, di Zaha Hadid, segnate fino all'erranza plastica dal culto avanguardista della forma oppositiva e inconciliabile. Si è detto subito quanto la concezione dell'architettura cara a Brunet e Saunier – o perlomeno ciò che se ne può intravedere di primo acchito – si sia mostrata restia ai grandi dibattiti di idee che hanno segnato l'ultimo quarto di secolo e di cui si ritrovano tracce esigue nelle realizzazioni di questo studio parigino. La ragione non è la sordità o il rifiuto aprioristico, ma piuttosto una diversa valutazione del concetto stesso di servizio architettonico: l'architetto, nel loro caso, serve prima di imporsi, lavora per gli altri prima di utilizzare l'architettura come argomento psicologico o narcisistico di autorealizzazione. Il che non vuol dire che i progetti di Brunet e Saunier non adottino all'occorrenza uno stile visivo spettacolare o contrastante che sollecita la testimonianza di un'espressione senza freni, tenendo sempre presente però che quest'ultima, nel loro caso, sarà sempre l'ingannevole effetto plastico di un meditato atto di adattamento dell'edificio alla richiesta e al luogo. Ne è un esempio il vasto complesso polifunzionale (parcheggio, centro commerciale, cinema), attualmente in fase di costruzione, che i due architetti hanno progettato per il centro della città

Daniel Libeskind representing a fractured and paranoiac vision of the world; the Constructivist inspired multiple folds of Zaha Hadid that mark the avant-garde cult of oppositional and irreconcilable forms and seems to result in sculptural wanderings, etc. It has already been explained to what degree the type of architecture designed by Brunet Saunier Architecture - at least what can initially be seen - has revealed itself as intractable when it comes to the great debates of ideas that have marked the last quarter century, debates whose ideas hold little place in the works by this Parisian practice. The reason for this, rather than being a lack of interest or a fundamental refusal to listen, lies in a difference of appreciation of what is really represented by the concept of architectural service: in their particular case, the architect serves rather than imposes, he creates for others before using the architecture as a psychological or narcissistic argument for imposing his ideas. However, this does not mean that the buildings designed by Brunet Saunier Architecture do not occasionally make use of stunning or contrasting visual devices that offer an unrestrained architectural expression - it being understood that this latter, in their particular case, is never more than a plastic effect resulting from a need to adapt the building to the client's requirements or the site. An eloquent example of this is provided by the vast multi-functional complex (car park, shops, and cinema) that the two architects designed for the town centre of Tourcoing which is being built as these lines are being written. Visually its vitrified bean-shaped form seems to resemble a flying saucer with irregular sides and a gleaming fuselage. In reality, it is series of floor levels that have been shaped to occupy the allocated space as efficiently as possible and

di Tourcoing: all'apparenza si tratta di un oggetto a forma di fagiolo dal rivestimento a vetri, sorta di enorme disco volante dal perimetro deformato e dalla carlinga scintillante. In realtà, è un insieme di piattaforme tagliato in piano in modo da sfruttare al meglio la zona di edificazione assegnata, le cui estensioni, che danno l'impressione di prolungare l'edificio, sono nei fatti razionalmente dettate da un desiderio legato alla pratica del sito: conservare, per l'utilizzo del nuovo spazio, una prospettiva aperta sui due monumenti attigui, la torre campanaria del municipio e la stazione ferroviaria, verso le quali puntano le estensioni. L'edificio come alleato oggettivo del panorama.

LA VITA UTILE

Da leali funzionalisti, Brunet e Saunier si impongono di aderire alla cultura della "stoa", dell'edificio utile, tradizionalmente opposta a quella del "templum", edificio voluttuario finalizzato alla dimostrazione di forza spettacolarizzante e alla sovrasignificanza simbolica[5]. Questa cultura dell'utilità non è obsoleta, per quanto leggermente austera o resa anacronistica dai soprassalti della teoria. A dire il vero, essa non è declassata quanto eternamente opportuna, segno dell'architettura intesa come ricerca del legame e dell'adattamento ottimale dell'uomo al suo habitat immediato, senza ritardo né fine. L'architettura, lo si sa bene, è come la vita. La si può vivere come schiavi, nell'eterna attesa di ordini, norme, mode. Ma si può anche desiderare di evolversi nell'indifferenza per qualsiasi forma di reggenza a priori, facendo del mondo e delle sue necessità la propria bussola, il proprio orizzonte di lavoro e di esistenza. L'opzione Brunet Saunier.

whose extensions, which seem to draw out the building, are in fact rational measures dictated by a desire related to the practicalities of the site. The extensions point towards the town hall belfry and the railway station, providing users of the new space with a visual perspective looking out over these two monuments. The building acts as an objective ally, enhancing the panorama.

A USEFUL LIFE

As loyal functionalists, Brunet Saunier Architecture belong to the culture of the "stoa", that of the useful building, a concept traditionally opposed to that of the "templum", that of an extravagant building dedicated to the demonstration of the spectacular and symbolic oversignificance.[5] While this culture of usefulness is not obsolete, it is somewhat austere and rendered anachronistic by sudden fluctuations in theoretical approaches. Strictly speaking, it is less anachronistic than perpetually opportune, a sign of an architecture understood as the search for a link and the optimum adaptation of mankind to its immediate living environment, without delay or end. We all know that what applies to architecture also applies to life. A life can be spent enslaved, awaiting orders, standards and fashions. But it can also provide a framework within which to evolve without being subject to constraints, using the world and its needs to fully focus ideas and reasons for existing. This, quite simply, is the option chosen by Brunet and Saunier.

1 - Éric Saunier è deceduto il 24 settembre 2004.
Jérôme Brunet, co-fondatore di Brunet Saunier Architecture, ha continuato a promuovere
la loro visione comune dell'architettura nei progetti realizzati successivamente.
2 - Discorso raccolto dall'autore nell'ottobre 2007.
3 - IRR-IFE, Institut Régional de Réadaptation Fonctionnelle-Institut de Formation en Ergonomie.
4 - Sebastian Redecke, *Jérôme Brunet/Éric Saunier - Urban Sites*, Birkhäuser Publishers, Zürich 2000,
non impaginato.
5 - Su questo punto, vedere le intelligenti osservazioni di Alexander Tzonis, elaborate a partire
dall'architettura di Jacques Ferrier, Un recruteur technique parmi les néo-cartésiens in *Utiles*.
- *La Poésie des choses utiles*, Ante Prima/Birkhäuser, Paris-Zürich, pp. 17 e sgg, 2004.

1 - Éric Saunier died in 2004.
Jérôme Brunet, co-founder of the Brunet Saunier Architecture firm, continues to assert
their shared view of architecture in his projects.
2 - Comments noted by the author in October 2007.
3 - IRR-IFE, regional functional rehabilitation institute - Ergonomic training institute.
4 - Sebastian Redecke, *Jérôme Brunet - Éric Saunier - Urban Sites*, Zürich, Birkhäuser Publishers, 2000.
5 - Concerning this point, see the judicious remarks made by Alexander Tzonis,
based on Jacques Ferrier's architecture, "Un recruteur technique parmi les néo-cartésiens",
Useful - *The poetry of useful things*, Paris-Zurich, Ante Prima/Birkhäuser, p. 17 sqq, 2004.

Docente universitario (facoltà di arte, Amiens) e collaboratore, tra l'altro, della rivista "Art press",
Paul Ardenne è autore di diversi volumi sull'estetica attuale:
Art, l'âge contemporain (1997), *L'Art dans son moment politique* (2000), *L'Image Corps* (2001),
Un Art contextuel (2002), *Portraiturés* (2003).
Ha inoltre scritto diverse monografie di architetti (tra cui Rudy Ricciotti, Manuelle Gautrand,
Alain Sarfati, Philippe Gazeau), un saggio sull'urbanistica contemporanea, *Terre habitée* (2005),
e due romanzi.
Le sue ultime pubblicazioni sono: *Extrême - Esthétiques de la limite dépassée*
(Flammarion, autunno 2006) e *Images-Monde*.
De l'événement au documentaire (con Régis Durand, *Monografik*, autunno 2007).

Academic (Faculty of Arts, Amiens), contributor to, among others,
the *Art press* review, Paul Ardenne is the author of several works on aesthetics
in today's world: *Art, l'âge contemporain* (1997), *L'Art dans son moment politique* (2000),
L'Image Corps (2001), *Un Art contextuel* (2002), *Portraiturés* (2003).
As well as several monographs on architects (Rudy Ricciotti, Manuelle Gautrand,
Alain Sarfati, Philippe Gazeau and others), an essay on contemporary urbanity,
Terre habitée (2005), and two novels.
Latest publications: *Extrême - Esthétiques de la limite dépassée*
(Flammarion, autumn 2006) and *Images-Monde*.
De l'événement au documentaire (with Régis Durand, *Monografik*, autumn 2007).

SEBASTIAN REDECKE / DIVERSITÀ E SEMPLICITÀ
DIVERSITY AND SIMPLICITY

È iniziata una nuova fase, che ci porta a guardare con occhi nuovi uno studio di architettura che in questi ultimi anni ha conosciuto uno straordinario sviluppo. Grazie alla partecipazione a vari concorsi, lo studio Brunet Saunier è riuscito a ottenere una serie di commesse importanti che possono far parlare di un vero e proprio balzo in avanti. Quasi tutte queste commesse hanno in comune una pianificazione dello spazio molto complessa e infrastrutture tecniche ultrasofisticate. Ne sono oggetto, essenzialmente, edifici scolastici e ospedalieri. Poiché la Francia ha un gran bisogno di rinnovamento in questi settori, di recente sono state indette numerose gare in varie regioni. Per potersi muovere senza rischio su un terreno così difficile, oggi gli architetti concentrano la loro attenzione sul rispetto di un budget calcolato con la massima precisione possibile: un approccio esatto, sistematico e strutturato è indispensabile nella fase di studio. Per raggiungere tale obiettivo, Brunet Saunier ha instaurato una perfetta collaborazione con le diverse figure che intervengono nel progetto, ben a monte della sua ideazione. Visitando lo studio, situato in rue Dupetit-Thouars a Parigi, vicino a place de la République, ho avuto l'impressione di una grande efficienza e di una forte produttività. Nonostante ciò – ma le due cose non

A new phase has begun, leading us to take a fresh look at an architectural firm that over the last few years has undergone considerable growth. Thanks to its participation in competitions, Agence Brunet Saunier has succeeded in being awarded a series of large-scale commissions. For the agency, this represents a great leap forward. Nearly all its commissions share the need for a particularly complex spatial layout programme and highly sophisticated technical equipment. The projects essentially concern educational and medical care buildings. France has a great need to renew its facilities in these sectors and this factor has recently led to a large number of competitions being held in different parts of the country. To be able to advance without risk on such dangerous ground and given the indispensable need for a detailed, precise, systematic and structured approach during the design phase, architects now pay particular attention to the need to respect a very carefully calculated budget. To achieve this end, Agence Brunet Saunier has developed a method ensuring total cooperation between the various intervening parties well before the design of the project. During a visit to the agency on Rue Dupetit-Thouars in Paris, near Place de la République, my impression was one of considerable efficiency and high productivity. I also found a fully coordinated team working in a particularly agreeable atmosphere. This feeling was confirmed in a completely different setting in May 2006 during a trip made to Berlin by the entire Brunet Saunier agency. I was particularly

possono non coincidere – ho incontrato un'équipe che lavorava di concerto in un clima particolarmente piacevole. Questa sensazione si è fortemente consolidata in un contesto completamente diverso, nel maggio 2006, durante una visita di quattro giorni dello studio Brunet Saunier a Berlino. Sono rimasto colpito nel constatare che un programma estremamente denso, elaborato in funzione degli interessi di ciascuno, fosse stato preliminarmente pianificato fin nei minimi dettagli, tanto che tutti gli appuntamenti erano stati fissati in anticipo. L'idea era di ottenere il miglior risultato possibile per permettere a ognuno, durante gli incontri, di assimilare in un arco di tempo brevissimo le caratteristiche dell'architettura e dell'urbanistica. Che si trattasse del centro di fotonica dello studio berlinese Sauerbruch Hutton ad Adlershof, del Museo ebraico di Daniel Libeskind o della Nuova galleria nazionale di Mies van der Rohe, niente è stato lasciato al caso, una prassi che a quanto pare lo studio parigino segue anche per l'organizzazione del lavoro di progettazione e produzione. Durante un incontro a Berlino, ho potuto misurare anche fino a che punto le relazioni tra i membri dell'équipe fossero cordiali. Osservando i lavori svolti da Brunet Saunier a partire dal 2000, ci si accorge che le facciate non cambiano

impressed to see that an extremely rich programme had been planned and fully detailed in a way that was able to meet the particular interests of each individual. Following two preparatory visits to the city, all meetings had been organised in advance. The idea was to obtain the best possible results, to allow each person to rapidly assimilate the architectural and town planning characteristics presented during the planned meetings. Whether the opto-electronics centre in Adlershof designed by the Sauerbruch Hutton agency in Berlin, the Jewish Museum by Daniel Libeskind or the New National Gallery by Mies van der Rohe, nothing was left to chance during these visits - and this apparently is the approach always taken by the French agency for organising its design and production works. During one of the meetings in Berlin, I was also able to see just how friendly relations were between team members. Looking at the designs produced by Brunet Saunier since 2000, it can be seen that while the elevations do not change, they are nevertheless very different from one another. In other words, although there has been no change in the approach taken over the last seven years, the agency has continued to design a very wide range of buildings. Rather than being the object of incessant new ideas, their buildings simply undergo constant adaptation. Proof that diversity in architecture does not always call for new forms; it can be limited to a restricted repertory whose variations are skilfully pushed through to their extreme limits. This approach can be seen in the

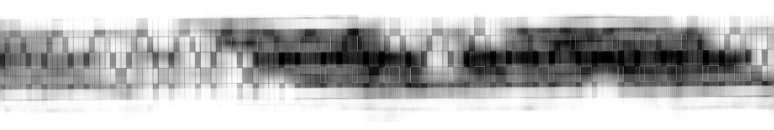

eppure sono completamente diverse. In altri termini, nel corso degli ultimi sette anni lo studio non ha operato nessun cambiamento di registro e nonostante ciò la gamma delle realizzazioni è rimasta estremamente ricca. L'edificio non è oggetto di continue trovate ad effetto, ma viene costantemente adattato. Il che dimostra che, in architettura, la diversità non ha sempre bisogno di forme nuove: essa può limitarsi a un repertorio ristretto le cui variazioni sono spinte con abilità fino ai limiti estremi. Come nel caso della scuola elementare realizzata nel centro storico di Nîmes nel 1992, le facciate principali presentano una forma astratta che scaturisce da una struttura esterna uniforme. A Nîmes era già stato creato un oggetto differenziato, dai molteplici livelli di scrittura che, malgrado la sua modernità – in particolare quella dello strato più esterno della facciata in lamelle di alluminio, si integrava al luogo e al Temple de l'Oratoire. L'istituto regionale di riabilitazione di Nancy, terminato alla fine dello scorso anno, è costruito su pilotis che lo elevano di oltre sei metri e si sviluppa al di sopra di un canale di periferia: nonostante un indispensabile rinfianco in acciaio, anche il paramento in alluminio delle facciate, integrato al sistema strutturale, è posto in primo piano. Allo stesso modo, l'asilo nido Saint-Sabin a Parigi attribuisce più importanza alla tessitura dei rivestimenti che alla serie di eleganti pilastri che spiccano dall'edificio. Le lamelle sono l'elemento centrale del nuovo ospedale di Cannes: lungo la facciata principale, queste formano lunghe fasce di grande effetto tra le

primary school in the centre of Nîmes designed in 1992 where the main elevations are given an abstract form through the use of a uniform enveloping structure. Nîmes had already seen the incorporation of an outstanding building able to be read at multiple levels and that - despite its modernity and more particularly that of the most external layer of its aluminium slat elevation - fully integrated into the site and the setting of the Temple de l'Oratoire. The regional rehabilitation institute in Nancy, delivered at the end of 2006, is seated on piers at a height of over six metres above ground level and stretches out over a suburban canal; despite the necessary steel framework, it is once again the aluminium facing on the elevations, integrated into the structural system, which strikes the observer. Similarly, the Saint-Sabin kindergarten in Paris places more importance on the textures of the finishes than on the row of elegant columns positioned outside the building. In Cannes, it is the slats that provide the central theme for the new hospital. They form impressive long strips along the main elevation, with the floor levels slid between them. Like other hospitals already built or currently being designed in Toulon, Douai, Chalon-sur-Saône and Marne-la-Vallée, the ground floor, long access ramp and entrance are designed as a glass strip detailed to provide a particularly inviting environment. The entrance hall is reminiscent of a hotel lobby. The immediate surroundings and integration into the local context are considered as vital factors, but the buildings themselves also have something

quali si insinuano i piani. Qui si trovano il pianterreno, la lunga rampa di accesso e l'ingresso, concepiti – esattamente come negli altri ospedali già realizzati o in progetto a Tolone, Douai, Châlon-sur-Saône o Marne-la-Vallée – come fasce di vetro ed elaborati in maniera particolarmente accogliente. Gli atri di ingresso, grazie agli arredi scelti, sembrano quasi quelli di un albergo. I dintorni immediati, il quartiere, l'integrazione nel contesto locale sono in primo piano, ma gli edifici hanno anche qualcosa di assoluto, di autonomo. Grazie alla raffinatezza della forma, la ripetitività delle facciate presenta una qualità intrinseca, dà sempre un'impressione di vitalità e determina la cifra stilistica dello studio. Va ricordato, in particolare, il rivestimento in vetro riflettente del centro ospedaliero di Douai che avvolge un'ampia porzione dell'insieme compatto che forma l'edificio. I nuovi progetti suscitano interesse sotto diversi profili, ma il più notevole è, a mio avviso, il centro di riabilitazione funzionale per bambini di Palavas-les-Flots, nei pressi di Montpellier, che ho visitato dieci anni fa e che resta per me indimenticabile. Sono rimasto toccato dalla generosità, ma anche dal grado di sensibilità del progetto, pensato per dei bambini che, ne sono convinto, qui si sentono a loro agio fin dal loro arrivo. Non fosse altro che da un punto di vista strettamente architettonico, l'edificio visto dalla spiaggia appare straordinariamente elegante. Anche in questo caso, non è possibile scindere l'espressione architettonica dalla logica della costruzione: sono i paramenti in legno e in vetro

about them that is absolute and self-contained. Thanks to the delicacy of the form, the repetitive system used for the elevations benefits from an intrinsic quality, an impression of liveliness, and it is this that determines the agency's signature. A good example is represented by the screenprinted glass skin of the Douai hospital centre that envelops a large part of the compact complex defined by the building. The new projects are interesting from many points of view, but I feel that the key project is the functional rehabilitation centre for children in Palavas-les-Flots near Montpellier that I visited ten years ago and which remains unforgettable. It is impossible not to admire its generosity and the degree of sensitivity to the needs of the children whom I am convinced start feeling better as soon as they enter the building. If only from a strictly architectural point of view, when seen from the beach, the building is particularly elegant. And once again, the architectural expression is fully linked to the construction logic. The timber and glass facings ensure that the exterior is read as a homogenous entity. When trying to define a language common to the various projects, there is always the risk of cataloguing or identifying stylistic superficialities. My intention is not to "label" the agency's work; it would be pointless to make comparisons. What is important is that the Agence Brunet Saunier, while retaining the practical approach required for the design of a hospital centre, has succeeded in producing and even highlighting an aesthetic

a dare l'impressione che l'esterno sia un'entità omogenea. Tentando di definire un linguaggio comune ai diversi progetti, si corre sempre il rischio di una catalogazione o un'identificazione stilistica superficiale. Io cerco di non "etichettare" in alcun modo i progetti dello studio e ritengo superfluo fare paragoni. Ciò che conta è che lo studio Brunet Saunier, pur conservando il pragmatismo richiesto dall'elaborazione di un centro ospedaliero, riesce a produrre e persino a mettere in scena un effetto estetico con mezzi molto semplici, affidandosi esclusivamente all'esterno della facciata. La leggibilità della costruzione non svolge in questo senso praticamente alcun ruolo. Le cubature non lasciano trasparire alcuna frattura, alcuna modifica degli angoli, e neppure nulla di arbitrario, di puramente formale. Tutti gli edifici traggono forza dalla semplicità e dalla nitidezza del loro profilo. Essi esprimono finezza e sprigionano grande leggerezza. Nell'elaborare questi progetti, lo studio ha sviluppato una specifica strategia, definendo gli spazi anche attraverso la luce e il colore. Lasciando da parte questa analisi e considerando la situazione attuale del "mercato" dell'architettura – organizzatosi nel frattempo in una rete mondiale – si constata che sono soprattutto i grandi architetti, grazie alla loro fama, a beneficiare di un'evoluzione che sembra consentire al linguaggio architettonico di diventare autonomo ed essere impiegato esclusivamente come un segno forte, un marchio di fabbrica per committenti privati. Dietro l'obbligo di produrre un "fuoco d'artificio", gli edifici realizzati dai grandi nomi

effect using very simple means through its work on the elevation envelope. In this sense, the readability of the construction system has almost no role to play. The volumes of the cubes reveal no fracture, no angle modifications, nothing arbitrary or purely formal. All the buildings draw their strength from the simplicity and clarity of their silhouette. They express a great deal of subtlety and give the impression of being extremely light. In designing these projects, the agency has developed its own particular strategy in which spaces are also defined by light and colour. Leaving this analysis to one side to look at the current situation of the architecture "market", now a global network, it can be seen that it is above all the very well known architects who, thanks to their reputation, profit from an evolution that would appear to have allowed the language of architecture to become self-contained and exclusively used as a signature, much like a brand name for private clients. Given the obligation to produce something stunning, the buildings by these well known names in architecture reveal themselves to be solitary entities with an immediately identifiable character. Most of the time, they would seem to be no more than sculpted elements instilled with a form. Given this context, it is necessary to reflect on the general quality of today's architecture. I feel that the fundamental question is to know which buildings fundamentally contribute to the evolution of contemporary architecture. It is clear that emotions run strong when a new building is inaugurated, a showcase dedicated to a

dell'architettura si presentano come solitari dal carattere immediatamente identificabile. Nella maggior parte dei casi si tratta di esterni scolpiti ai quali è stata data una forma. In questo contesto, è necessario riflettere sulla qualità generale dell'architettura di oggi. A mio avviso, la questione fondamentale è sapere quali edifici contribuiscono in modo sostanziale all'evoluzione dell'architettura contemporanea. È senz'altro una grande emozione inaugurare una nuova opera, scrigno dedicato a una funzione specifica, firmato da una star dell'architettura. Ma guardando più da vicino, si fatica a riconoscere un edificio nel senso classico del termine. Che si tratti della facciata o dell'interno, tutto scompare sotto il predominio del segno e cade rapidamente nell'oblio, nella misura in cui altri architetti punteranno presto più in alto proponendo nuove idee, forse ancor più astratte. Questa evoluzione, osservabile attualmente, in particolare nel golfo Persico, non può che suscitare perplessità. Si può ammirare tutto, ma si resta sempre con uno strano retrogusto, un'impressione sgradevole, perché le forme contorte non hanno alcun senso e per questa ragione sono inconsistenti. Per di più, la questione sempre più essenziale dello sviluppo sostenibile non viene nemmeno posta. Tutto ciò non accade con lo studio Brunet Saunier. Osservando le facciate, la chiarezza della loro concezione, il lavoro minuzioso e privo di compromessi, si può supporre che i committenti stessi abbiano scelto questo tipo di architettura ambiziosa, che necessita di solito un enorme lavoro di persuasione. Nello

highly specific function, an architectural star. But looking closer, it is hard to recognise it as being a building in the classical sense of the term. Whether it be the elevation or the interior, everything is invalidated by the predominant force of the signature and, in any case, rapidly forgotten given that other architects soon raise the stakes by giving physical form to new and perhaps even more abstract ideas. This development, epitomised by the constructions being built in the Persian Gulf, leaves people feeling perplexed. Yes, they can be admired, but there is a strange aftertaste, a disagreeable impression that these contorted forms make no fundamental sense and, as a result, are devoid of meaning. In addition, the ever-more pressing question of sustainable development is not even raised. This, however, is not applicable to designs by Agence Brunet Saunier. By just looking at the elevations, the clarity of their design, the detailed and uncompromising work that they represent, it can be assumed that this is the type of ambitious architecture that clients really want. Nonetheless, an enormous task of persuasion is generally necessary. Within the agency, innovation bears witness to a clear understanding of reality and the need for an architecture that will not deteriorate over time. There is nothing worse for a good architect than seeing that his or her buildings do not know how to age and, after just a few years, begin to show obvious signs of wear and tear. It goes without saying that Agence Brunet Saunier also follows certain architectural trends. Formal influences are

studio Brunet Saunier, l'innovazione implica un profondo senso della realtà che non scoppia come una bolla di sapone a pochi anni di distanza. La cosa peggiore che può accadere a un buon architetto è vedere che i suoi edifici non sanno invecchiare e dopo appena qualche anno offrono uno spettacolo desolante. Anche lo studio Brunet Saunier segue ovviamente alcune tendenze dell'architettura; le influenze formali sono perfettamente identificabili nell'evoluzione delle facciate e nella scelta dei materiali. Indipendentemente dal capitolato d'oneri, tuttavia, la forma e la concezione strutturale degli edifici sono dotate di senso. L'utilizzo di mezzi molto semplici può condurre al successo. È opportuno sostenere questo approccio dell'architettura che non diventa mai fuori moda. Ancora più importanti sono i particolari. Tra i nuovi edifici che ho citato in precedenza, numerosi sono i "solitari" integrati – con notevole finezza – nel paesaggio. Per gli ospedali si scelgono generalmente aree situate fuori città, che permettono di migliorare l'organizzazione e danno la possibilità di ampliamenti futuri. Per i pazienti e i visitatori, al contrario, la lontananza crea la necessità di prevedere buone vie di accesso. In generale si osserva in questi nuovi edifici un netto miglioramento dei possibili trattamenti e delle cure. Dopo aver sperimentato questi nuovi centri medici periferici, tuttavia, lo studio auspica ormai di poter lavorare intra-muros, dove il contesto e la specificità del luogo possono essere analizzati e sfruttati molto meglio ai fini dell'approccio concettuale del progetto. L'ospedale di Nancy, malgrado l'audacia delle soluzioni adottate, ne è un buon esempio. La struttura ospedaliera svolgerà in futuro un ruolo centrale

perfectly identifiable in the ways in which the elevations are designed and constructed and in the choice of materials. But, over and above the requirements of the specifications, the form and structural design of the buildings fundamentally make sense. The use of very simple means can lead to success. There is a need to give support to this architectural approach which is not subject to "fashionable" solutions. This approach also demands that close attention be paid to details. Among the new buildings mentioned above, a large number are "solitary" constructions that integrate with remarkable delicacy into their surrounding environment. Hospitals are generally built outside towns as this permits better organisation and the possibility of building future extensions. However, as far as patients and visitors are concerned, the distance creates the need to provide good access routes. In global terms, it is accepted that these new buildings provide a clear improvement in treatment possibilities and improved health care. But having experimented with these new medical centres located outside town centres, the agency would now like to work more intra-muros where the context and specificity of the location can be better analysed and used to provide the project's conceptual approach. Despite the audacious nature of the adopted solutions, the Nancy project provides a good example of this approach. In the future, hospital construction will play a central role for architects. There is a great deal of change taking place in this domain in France, throughout Europe and in

per gli architetti. In effetti in questo campo l'evoluzione è notevole, non soltanto in Francia, ma anche in tutta Europa e negli Stati Uniti. Essa si estenderà nei prossimi decenni in Africa, Asia e Sudamerica. Numerosi sono i paesi che in questo campo dipendono dalla competenza e dall'esperienza degli architetti. Grazie alla grande tenacia ma anche a una serie di coincidenze fortunate – in particolare il primo premio ottenuto al concorso per l'ospedale cantonale di Ginevra, in collaborazione con Odile Seyler, Jacques Lucan e Gerold Zimmerli – la fama di Brunet Saunier Architecture ha superato i confini nazionali. Anche se molti altri soggetti giocano ancora un ruolo importante, lo studio si è specializzato nella costruzione di centri ospedalieri. Ciò è significativo nella misura in cui oggi è diventato impossibile, in settori così specifici, gestire senza una reale competenza una commessa diventata ormai molto complicata. Un architetto deve pensare a quasi tutti i particolari. Di fronte a una tale difficoltà è indispensabile che, ancor prima dell'inizio della fase di studio vera e propria, gli esperti di ogni settore siano inseriti in una équipe in grado di lavorare in strettissima collaborazione. Chi non ne tenga conto è condannato prima o poi a fallire davanti ai vincoli imposti da direttive draconiane, impianti tecnici e apparecchiature mediche. Si può persino affermare che un architetto che oggi osi avvicinarsi a questo settore senza avere già un bagaglio di conoscenze non ha praticamente alcuna possibilità di condurre il suo progetto a buon fine, perché di fronte alla mancanza di metodo e di coordinazione i committenti si abbandonerebbero fin dalle prime fasi di studio. Accade spesso che, vista la

the United States. It will continue in the decades to come in Africa, Asia and South America. In this specialist field, many countries are dependent on the expert knowledge and experience held by architects. Thanks to its determination and the recognition of its capacities, particularly the attribution in Geneva of first prize in a university hospitals competition in cooperation with Odile Seyler, Jacques Lucan and Gerold Zimmerli, the agency has created a reputation for itself that spreads beyond its national frontiers. Even though other subjects continue to play an important role, the agency has nevertheless specialised in the design and construction of hospital centres. This is significant inasmuch as it has now become impossible to fully control a commission that has become so complex without being skilled in a range of highly specific fields. An architect needs to be concerned with nearly all the details. Given this complexity, it is essential that even before having begun the design phase as such, specialists from all sectors be integrated into a tightly knit team. Any architect not using this system is destined at some point or another to fail when faced with the constraints imposed by draconian directives and the requirements of technical and medical installations. It could even be said that an architect who now dares enter this field without prior knowledge has almost no chance of successfully completing his or her project: given the lack of methodology and coordination, the clients will inevitably back out as soon as the first design phases are undertaken. It is fairly

complessità di alcune fasi di studio, l'architetto si limiti a svolgere un ruolo di mediatore, portando gli esperti a prendere decisioni e avendo cura di non eliminare del tutto gli imperativi formali. È praticamente impossibile per un neofita avere un'idea delle difficoltà che un architetto deve affrontare per costruire un centro ospedaliero: la lentezza delle decisioni, la complessa tempistica di realizzazione che, dalla scelta del sito al permesso di costruzione, può richiedere diversi anni. Lo studio deve superare queste lunghe tappe con pazienza, tenacia e ovviamente con un solido sostegno da parte dei committenti. Le nuove scoperte in ambito medico o i miglioramenti apportati alle tecniche di costruzione spesso possono complicare la tempistica. Sembra quasi impossibile che un architetto possa progettare un ospedale, visti tutti gli elementi imponderabili legati ai cicli di innovazione che nelle cliniche si succedono a tutta velocità. Gli esperti sono persino arrivati ad affermare che, con l'ausilio di istituti attivi nel settore della costruzione e dell'organizzazione, bisognerebbe creare un sistema in cui le superfici siano trattate come piattaforme capaci di ospitare insiemi suscettibili di subire ampliamenti o riduzioni. Non si tratterebbe più, quindi, di elaborare un ideale colato nel cemento, bensì di proporre strutture spaziali concepite per usi intercambiabili. Brunet Saunier Architecture ha creato, con i suoi esperti, una struttura solida in grado di coprire i settori più diversi e reagire ai cambiamenti con grande flessibilità. La flessibilità nel processo riveste oggi l'importanza determinante che un tempo aveva la forma nella costruzione stessa dell'ospedale: essa è sempre stata sinonimo d'innovazione, come nel caso del

frequent that the complexity of certain design phases results in the architect simply acting as a mediator, leading the experts towards certain decisions while taking care not completely obliterate the formal imperatives. It is practically impossible for a neophyte to understand the difficulties to be overcome by the architect when building a hospital centre: the slowness of the decision-making process, and the complex phasing that, depending on the site and planning permission, can take several years. The agency needs to deal with these long stages by showing patience, tenacity and, above all, having a solid base of other projects. New discoveries in the medical field or improvements made to construction techniques can often complicate the phasing. It would seem nearly impossible for an architect to plan a hospital given the imponderables linked to the rapidly succeeding innovation cycles taking place in clinics. Experts agree that there is a need to work with construction and organisational bodies towards creating a system within which surface areas are handled as platforms able to contain units that can, according to requirements, either expand or contract. Rather than trying to provide an ideal set in concrete, the aim is to propose spatial structures designed for interchangeable uses. Along with its experts, Agence Brunet Saunier has created a solid structure able to cover all potential fields as well as react to all changes with a high level of flexibility. Process flexibility has now become as important as was the form taken by the construction of hospitals in the past. The latter

famoso sanatorio per malati di tubercolosi realizzato da Alvar Aalto a Paimio (1928-1933) o del progetto dell'ospedale da 1200 posti letto concepito da Le Corbusier per Venezia. Il pensiero strutturale svolge oggi un ruolo più che limitato, dato che esiste un capitolato d'oneri preciso, soprattutto per le ali delle sale operatorie e delle stanze di degenza. Un altro elemento importante è il benessere dei pazienti. Bisogna essere grati allo studio Brunet Saunier che se ne fa portavoce malgrado i vincoli legati al budget, all'organizzazione dello spazio e alla struttura. L'elaborazione dei progetti è improntata alla volontà di abbreviare il più possibile la distanza che separa il medico dal malato. I passaggi destinati alla circolazione sono generalmente immersi nella luce del giorno, fattore di guarigione fondamentale. L'atrio di ingresso è a sua volta concepito in modo da risultare accogliente e piacevole, come avviene nei diversi ospedali in fase di progettazione o già in costruzione. Non bisogna dimenticare la presenza del colore negli spazi interni, diffusa in tutti gli ospedali e in particolare in quello di Douai, dove costituisce un fattore determinante nella somministrazione di cure attente. Essa permette non soltanto di creare una certa atmosfera, ma anche di identificare i diversi servizi e facilitare l'orientamento. Vanno infine citate le scelte essenziali dal punto di vista strutturale, come ad esempio le risposte alla topografia locale suscettibili di definire la struttura fondamentale di un edificio. Oppure le facciate infinitamente leggere ed eleganti, che non hanno quasi nulla a che vedere con l'architettura di un ospedale in senso classico. Lo studio Brunet Saunier ne concepisce l'aspetto esterno in maniera sempre

had formerly always been synonymous with innovation, as exemplified by the well-known sanatorium for those suffering from consumption designed by Alvar Aalto in Paimio (1928-1933) or the 1,200 bed hospital project for Venice by Le Corbusier. The structural thinking of the past now only plays a minor role inasmuch as there are now highly detailed specifications, especially for the operating theatre and bedroom wings. Another important element is the well-being of patients and Brunet Saunier should be commended for incorporating this aspect despite the constraints linked to budget allowance, spatial organisation and structure. The design of the plan layouts results from the decision taken to reduce the distance separating the carer from the patient as much as possible. The circulation routes generally receive direct daylight - a very important recovery factor. The entrance hall is designed to be welcoming, generous and agreeable, as can be seen in the various hospitals currently being designed or built. The presence of colour inside the hospital also bears mentioning. The use of colours, especially in the Douai hospital, is a determining factor in providing a framework for attentive treatments and is used to this end in all hospitals. Apart from creating a certain atmosphere, colour is used to identify the various services and simplify movements within the hospital. Finally, it is worth mentioning the essential arbitrations that are essential from a structural point of view; these, for example, include responses to a local topography that could define a

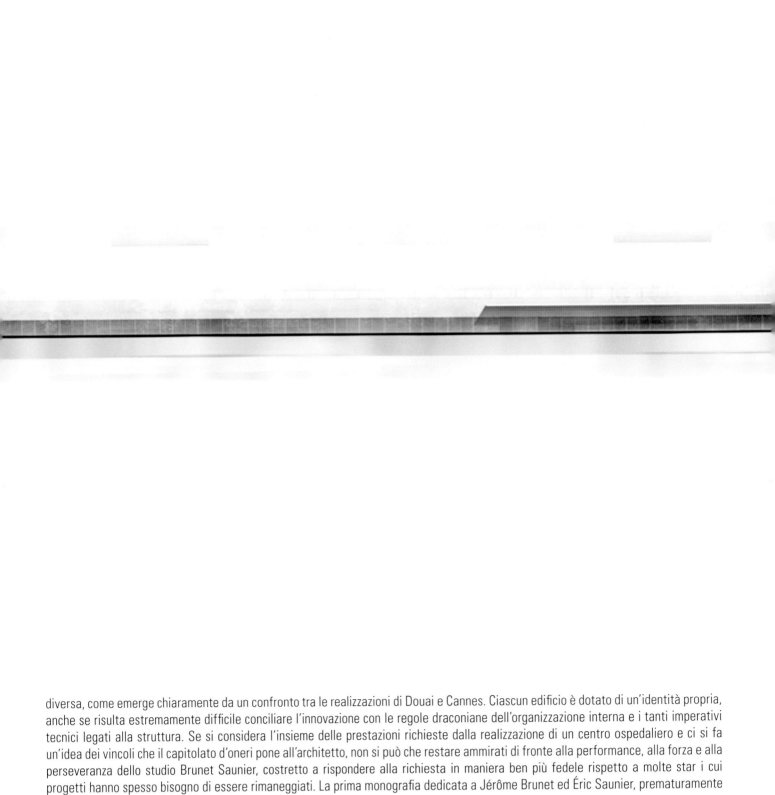

diversa, come emerge chiaramente da un confronto tra le realizzazioni di Douai e Cannes. Ciascun edificio è dotato di un'identità propria, anche se risulta estremamente difficile conciliare l'innovazione con le regole draconiane dell'organizzazione interna e i tanti imperativi tecnici legati alla struttura. Se si considera l'insieme delle prestazioni richieste dalla realizzazione di un centro ospedaliero e ci si fa un'idea dei vincoli che il capitolato d'oneri pone all'architetto, non si può che restare ammirati di fronte alla performance, alla forza e alla perseveranza dello studio Brunet Saunier, costretto a rispondere alla richiesta in maniera ben più fedele rispetto a molte star i cui progetti hanno spesso bisogno di essere rimaneggiati. La prima monografia dedicata a Jérôme Brunet ed Éric Saunier, prematuramente

building's fundamental structure or the elevations - incredibly light and elegant - which have virtually nothing to do with the architecture of a hospital in the classical sense of the term. Agence Brunet Saunier designs the envelope in ways that are always different just look at the solutions found for Douai and Cannes. Each building has its own specific identity, even though it remains extremely difficult to change the interior layout given the draconian rules governing internal organisation and the large number of technical imperatives to be met by the building. Considering all the performances required by the construction of a hospital centre and the constraints imposed on the architect by the specifications, one can only admire the performance, strength and determination of the agency which needs to comply with the requirements of the building in a far more detailed manner than a large number of architectural stars whose drawings and models often need to be reworked.

scomparso nel 2004, è apparsa nel 2001. All'epoca, parlando dei due architetti e della "nave ammiraglia" di Palavas-les-Flots, ho scritto: "Non cercano la via più semplice, la più immediatamente evidente, ma al contrario desiderano trasformare, ridefinire uno spazio attraverso l'architettura. In alcuni concorsi hanno presentato, con una concezione costantemente rinnovata, facciate sempre reinventate e fuori dell'ordinario. Sono così riusciti, con una grande motivazione, a illustrare la loro concezione e a risultare convincenti". Sei anni dopo, l'atteggiamento è rimasto immutato e si è anzi rafforzato. Questa nuova opera presenta oggi una selezione dei progetti, in cantiere o ancora in fase di studio, realizzati da Brunet Saunier Architecture e documenta la loro partecipazione ad alcuni concorsi.

The first monograph looking at the work by Jérôme Brunet and Éric Saunier was published in 2001. At that time I wrote the following concerning the "flagship" in Palavas-les-Flots : "Rather than seeking the simplest, most immediately and self-evident solutions, they transform and redefine space through the use of architecture. They have always retained this basic concept in their competition entries, while developing elevations that allowed their projects to stand out from the others. Highly motivated, they succeeded in illustrating their concept and convinced the jury". Seven years later, this approach remains the same and has become even more affirmed. This new book presents a selection of projects that have been completed, are under construction or currently being designed, as well as competition schemes.

CAPITOLO 1 / CHAPTER 1

La forza degli edifici e dei progetti è legata alla semplicità del loro messaggio. Parlare di magia del luogo sarebbe senz'altro esagerato e per certi versi enfatico, ma quelle che vengono prodotte sono immagini molto salienti. Citiamo in particolare la sicurezza nell'utilizzo dei materiali e l'interazione tra gli effetti che essi determinano, la sensibilità del rivestimento, la trasparenza filigranata dell'esterno che si affranca da una costruzione statica. A volte possono intervenire una "drammaturgia" delle linee dell'edificio calcolata in maniera particolarmente efficace o una colorazione leggermente cangiante del vetro. Una certa attitudine alla trasformazione permette così di non suggerire mai né inerzia né pesantezza. L'aspetto esteriore delle realizzazioni e dei progetti non è una superficie. Ovunque traspare una moltiplicazione degli strati che anela alla riduzione. Ma a prescindere dalla trasparenza e dall'impiego di strati sovrapposti, un'altra caratteristica emerge in maniera evidente: il più delle volte la struttura del progetto non è direttamente leggibile, e anche i principi di costruzione restano in secondo piano. Essi non sono al centro. Non esiste – ad eccezione di Nancy – alcun segno rivelatore delle strutture portanti dell'edificio. S.R.

The strength of the buildings and projects is based on the simplicity of their message. While it might seem exaggerated and a little extravagant to talk about the charm of the setting, a number of key images are produced. It is particularly worth mentioning the assurance in the use of materials, the interactive effects of the materials on one another, the sensitivity of the finishes and the astonishing filigreed transparency of the envelope freed from any form of static construction. Occasionally, building lines or slightly differing glass colours are used to provide a dramatic effect. This transformation capacity sidesteps any potential inertia or heaviness. The envelopes surrounding the buildings and projects are not surfaces, their multiple layers reveal a desire to create a sense of lightness. But no matter what the level of transparency or the quantity of superimposed layers, there is yet another overt characteristic worth noting: it is not just the programme's structure that generally cannot be directly read, but the construction principles themselves that are concealed. With the exception of Nancy, there is no visible indication of the building's loadbearing structures. S.R.

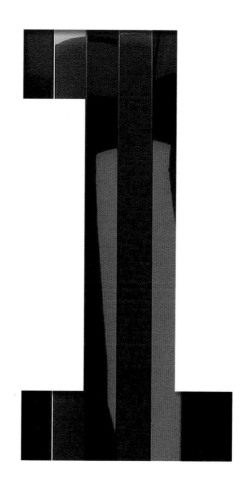

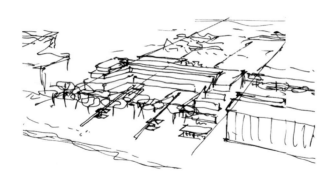

PALAVAS-LES-FLOTS - INSTITUT SAINT-PIERRE - CENTRO DI RIEDUCAZIONE FUNZIONALE PER BAMBINI / 1995-1999
FUNCTIONAL REHABILITATION CENTRE FOR CHILDREN

Situata tra il mare e la laguna, la città di Palavas-les-Flots ha il Mediterraneo e il sole come punti di forza. Il nuovo centro di rieducazione funzionale per bambini e adolescenti, affacciato direttamente sulla spiaggia, si ispira all'architettura balneare e marina e si presenta come un'elegante nave da crociera. La sua forma a "U" permette di sviluppare un interessante andamento della facciata. Le facciate a più livelli orizzontali, le terrazze che si perdono in prospettiva come succederebbe sul ponte di un battello, creano accostamenti, trasparenze e permeabilità in grado di cancellare la sensazione di isolamento e di angoscia. I materiali 'caldi' (legno) e i colori cangianti (intonaci rosso pompeiano), gli spazi destinati alle cure e all'attesa, e poi ancora i cortili, ricordano più un paesaggio mediterraneo e un luogo di villeggiatura che un centro di riabilitazione. Si passa costantemente, e senza soluzione di continuità, da esterni soleggiati a interni luminosi e viceversa. Le mamme si conoscono, chiacchierano tra loro e restano più a lungo con i loro bambini, in un'atmosfera di benessere e di tranquillità psicologica. Fin dall'ingresso, abbondanti gelsomini allontanano l'impressione olfattiva legata all'ospedale. La trasparenza della zona d'ingresso e dei corridoi di passaggio e la loro fluidità sono al servizio della convivialità. Le pianificazioni esterne tengono conto degli handicap dei piccoli pazienti: una delle terrazze diventa un immenso spazio destinato ai loro giochi, all'ombra dei pergolati. I parapetti, colorati come i bastoncini dello Shangai, ricordano il gran pavese di un piroscafo. Le grandi aperture delle camere permettono di trascinare i letti sui balconi, da cui si vedono file di palme che ingentiliscono l'ambiente. Le camere, i luoghi di cura e di rieducazione, gli spazi comuni di ristorazione, quelli destinati ai giochi o all'educazione, danno sul mare, il cui blu impregna della sua pace la quasi totalità dei locali. Il colore è presente nei giochi di pannelli e persiane scorrevoli che danno una vivacità sempre cangiante alla facciata. Un fregio di bandierine marine percorre i muri interni. Qui il mondo è ludico e a misura di bambino, fatto "di tenerezza e generosità"!

Lying between sea and lagoon, the town of Palavas-les-Flots is spoilt by its sunny Mediterranean setting. Giving directly onto the beach, the new functional rehabilitation centre for children and adolescents, inspired by the seaside environment, has a form reminiscent of an elegant liner. Its U-shaped morphology permits a long elevation. The building opens generously onto the sea, providing a reassuring setting for children who need to feel that they belong to a community and who seek an encompassing environment. The elevations of the staggered plans and the terraces stretching out along the length of the building like the bridge of a ship create facing views, transparency and a sense of permeability that eliminates any feeling of isolation or stress. The warm materials (wood), sparkling colours (Pompeian renders), patios and patient care and relaxation areas are more reminiscent of a holiday setting on the Mediterranean than a rehabilitation centre. There is a constant unbroken movement between sunlit exteriors and bright interiors. Mothers get to know one another, chat to each other and stay longer with their children in a setting that encourages wellbeing and psychological reassurance. The large amounts of jasmine growing in and around the centre dispels the typical odours of a hospital setting. The transparency and fluidity of the reception and circulation areas all contribute to the friendliness of the centre. The external layout takes account of the handicaps suffered by the young patients: one of the terraces is designed as a large play area sheltered from the sun by pergolas. The balustrades, highly coloured like a game of Mikado, are reminiscent of the rails on an ocean liner. The bedrooms have large openings that allow the beds to be brought out onto balconies from where the children can see the rows of palm trees that contribute to the relaxed environment. The bedrooms, treatment and rehabilitation rooms, as well as dining, play and educational spaces all give onto the blue sea whose reflections penetrate almost throughout the building. Emphasis is placed on colour through the panels and sliding shutters that constantly change the appearance of the elevation. A frieze of marine pennants runs across the interior walls. Everything has been done to create a playful setting scaled to meet the needs of the children, a building that offers tenderness and generosity.

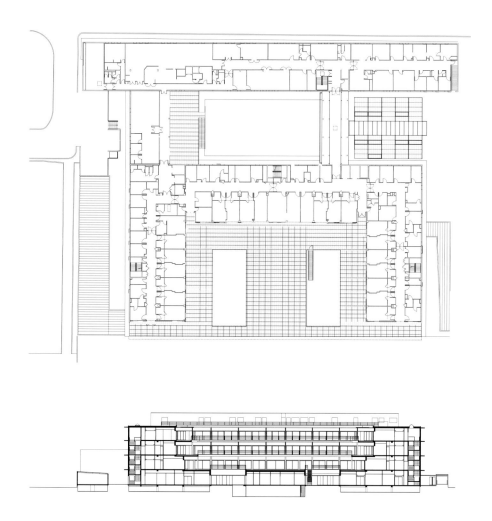

NANCY - CENTRE LOUIS PIERQUIN - ISTITUTO REGIONALE DI MEDICINA FISICA E RIABILITAZIONE / 2001-2006
REGIONAL INSTITUTE OF PHYSIATRICS AND REHABILITATION

Il centro, situato nelle immediate vicinanze dell'attuale Centro ospedaliero universitario, ha tratto vantaggio dalla forza del luogo che gli è stato assegnato: due lotti separati dal canale Marna-Reno e limitrofi alla "zona a sistemazione concertata" di Meurthe-Canal. Ha preso piede l'idea molto originale di un edificio a forma di ponte che scavalca il canale, secondo il modello veneziano, alzandosi fino a 6,50 m dal suolo. Questa linea di galleggiamento, livello di riferimento di tutta la struttura, si sviluppa orizzontalmente, in piano. Essa si appoggia a due edifici-palafitta, ancorati da una parte e dall'altra della via navigabile, che condiziona lo sviluppo della struttura. Il livello di riferimento riunisce in un centro di servizi medico-tecnici tutti gli spazi di riabilitazione funzionale, dalla balneoterapia fino ai laboratori di falegnameria, senza dimenticare le strutture concentrate sul ponte. La costruzione è circondata da un paramento di acciaio inossidabile simile a una tenda plissettata, levigata e scintillante che lo alleggerisce e lo smaterializza, favorendone la fusione con il paesaggio. Tre elementi di estrema precisione si sviluppano su 5 m di altezza: grandi pieghe, piccole pieghe sdoppiate e lamine orientabili per fare ombra. Al piano superiore, sull'attico, sono stati collocati degli spazi di ricovero, che godono di una bella veduta e di una buona illuminazione. Rivestiti di intonaco dai colori vivi, dominano i cortili luminosi e aperti sul paesaggio che picchiettano di verde la parte inferiore della struttura, dedicata alle attività medico-tecniche. Nei piani pilotis, il mezzanino accoglie il pubblico e gli uffici amministrativi. Al di sotto, riparo e naturale punto di sosta, la struttura prolunga in trasparenza il viale, mettendo in relazione la città e il canale. L'aspetto nero-olivastro della parte inferiore dell'edificio esalta la brillantezza delle superfici vetrate e del nastro scintillante delle facciate. La scuola di ergoterapia è stata ricavata all'interno della stessa volumetria, ma si differenzia dagli edifici destinati ai meno bisognosi di cure grazie all'adozione di bande dai colori vivi. L'ergoterapia offre ai pazienti un autentico progetto di vita, permettendo loro di continuare a svolgere un'attività professionale o preparando il loro ritorno a una vita sociale attiva.

Lying immediately next to the existing university hospital centre, the institute's architecture takes full advantage of the powerful nature of the chosen site - two plots separated by the "Marne au Rhin" canal and giving onto the "Meurthe et Canal" urban redevelopment zone. A remarkable idea imposed itself: that of a bridge building crossing the canal, similar to those to be found in Venice, raised 6.50 metres above ground level. This waterline, the reference level for the entire facility, is laid out horizontally on a single slab level and supported by the two buildings built on piles and anchored to either side of the waterway whose presence imposes its own structured form. This reference level, built around the needs of the patients, provides a complete technical support centre that includes all functional rehabilitation spaces, from balneotherapy through to carpentry workshops, without forgetting the social areas concentrated on the bridge. Surrounded by a mirror-polished stainless steel pleated sheet facing which has the effect of lightening and dematerialising the structure, the building blends into its surroundings. Three precisely laid out vertical elements rise up over a height of five metres: wide folds, thin doubled up folds and directional slats for light control. The accommodation units on the upper floor are provided with views and natural light. With their brightly coloured renders, they dominate the luminous landscaped patios that rise up through the medical and technical support centre on the level below. The mezzanine level positioned among the piles is used to receive the public and for administrative functions. The naturally sheltered ground level below is used for parking and provides a transparent extension to the boulevard, creating a link between the town and the canal. The matt black underface of the building emphasises the brilliance of the glazed surfaces and the glistening ribbon-like finish of the elevations. The school of ergotherapy occupies the same volumetric proportions as the other building used by the most active patients but is differentiated by the use of brightly coloured strips. The IRR (institute of physiatrics and rehabilitation) provides patients with a real life project while allowing them to maintain a professional activity, or prepares them for their return to an active social life.

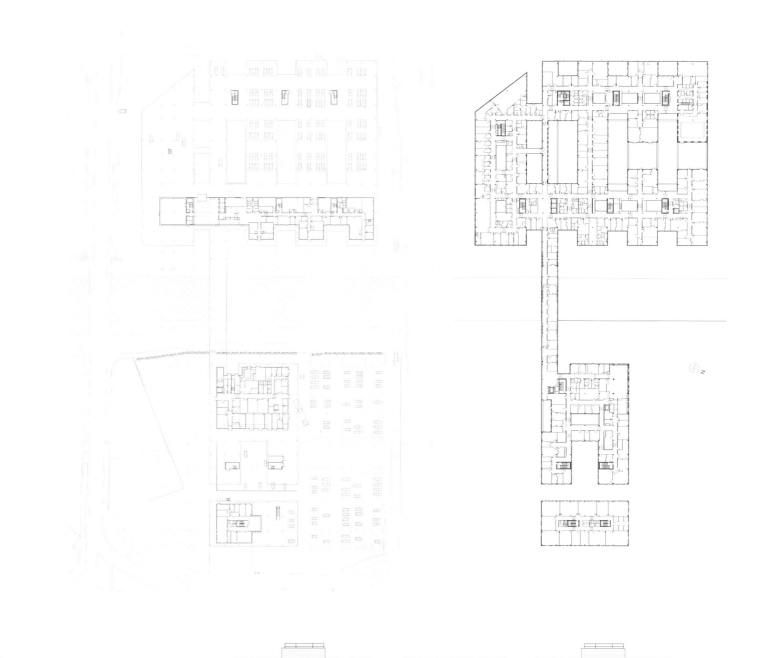

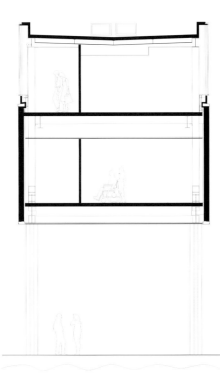

TOURCOING - IPER-CENTRO / 2001- 2010 / HYPERCENTRE

Tourcoing desidera riconquistare la sua anima cittadina e ritrovare un'identità. Per concepire un progetto urbano contemporaneo, coerente con il passato e l'ambiente della città, in un contesto paesaggistico che sottolinei e rivitalizzi la sua struttura, si è riflettuto sulla città nel suo insieme, sull'iper-centro e le diverse caratteristiche degli spazi pubblici che lo compongono. La scenografia cittadina deve svelare le potenzialità di Tourcoing, la cui struttura urbana è espressione di un passato industriale e operaio. In particolare sono da notare due tipi di aree: i grandi terreni a uso industriale in via di riconversione e gli alloggi degli operai disposti in file fiancheggiate da giardini in successione. Il progetto di sistemazione propone un trattamento paesaggistico che sottolinei la struttura concentrica della città e affermi il ritrovato dinamismo del suo centro. Si inverte, così, l'antica organizzazione: la vegetazione presente all'interno degli isolati diventa il fattore comune degli spazi pubblici, e la struttura si trova al centro di questo nuovo sistema. Alberi ad alto fusto formano dei boschetti, e le loro fronde collegano tra loro gli edifici, lasciando spazio per tettoie che permettono di moltiplicare i possibili usi del suolo. Questa ricomposizione articola l'esistente e le nuove opere, attenua le differenze di scala, prolunga e valorizza le prospettive, evoca nuovi percorsi. Vengono riconsiderate le diverse caratteristiche degli spazi pubblici circostanti, a partire dai viali periferici, diventa più chiaro l'accesso all'iper-centro, ne viene sottolineata la dinamica radiale e concentrica. Si mettono così in forte risalto i siti circostanti per meglio qualificare il centro, rispettando il principio secondo cui in ogni luogo ci vuole un grande edificio che ne inverta frontalmente le caratteristiche: zona asfaltata circondata dal verde, giardino centrale contornato da una zona asfaltata. Il centro commerciale gastronomico si insinua sotto le strutture esistenti, ed è accompagnato da una multisala, un ristorante, degli alloggi e degli uffici con parcheggi sottostanti. L'immagine architettonica di questa nuova cittadella munita di torri d'angolo è unitaria e innovativa, senza mimetismi compiaciuti e si riferisce al tessuto, alla sua agilità, alla sua modularità e alla sua trasparenza. L'iper-centro diventa così un luogo di vita e una realizzazione di cui andar fieri: in esso, attività commerciali e di svago si coniugano per il piacere di tutti gli utenti.

Tourcoing wants to recuperate its town centre and provide it with a clear identity. To design a contemporary urban project coherent with the town's past and physical environment within a landscaped setting underlying and revitalising its structure, it was necessary to take a close look at the entire urban fabric, the town centre and the various types of existing public spaces. The urban scenography needed to express the potential inherent in Tourcoing, a town with a significant industrial, working class past. The investigation revealed two types of plot plan: large pockets with industrial wasteland undergoing conversion and working class terrace housing lined with successions of gardens. The development project proposes a landscaped treatment able to underline the concentric structure of the town and affirm the revealed dynamics of its centre. This calls for an inversion of the existing organisation, with the green areas in the centres of the blocks becoming the common factor governing public spaces, and built-up zones forming the heart of the new system. Tall trees are planted in groves with their foliage linking the buildings and freeing the area below them to increase the number of potential street level uses. This reorganisation creates links between existing and new structures, reduces disparities of scale, extends and enhances perspectives and opens the way to create new thoroughfares. The differing statuses of the surrounding public spaces are reconsidered: accesses to the town centre from the ring roads are made clearer by underlining their radioconcentric dynamism. Local squares are strongly expressed to better qualify the centre while respecting the principle of one square for each major building but with an inversion of proportions: the existing hard surface treatment framed by greenery is replaced by central gardens surrounded by a hard surface outline. The shopping centre is slid below the superstructure car park and accompanied by a multiplex cinema, a restaurant and offices. The overall image is that of a unifying, innovative space. It makes reference to textiles, their pliability, modularity and transparency. The town centre becomes a focal point of activity and pride where shops and leisure activities combine for the greater pleasure of its users.

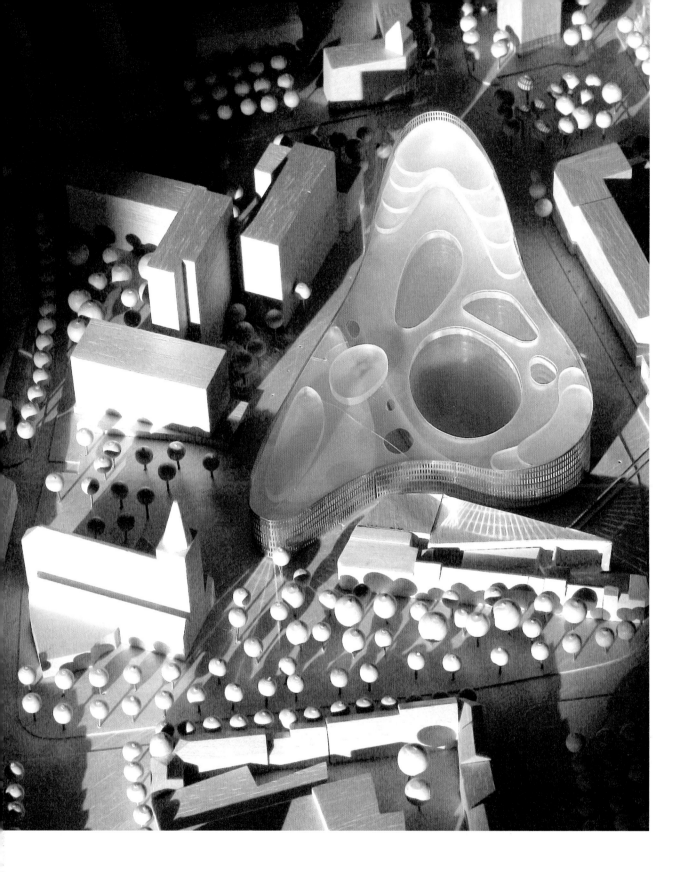

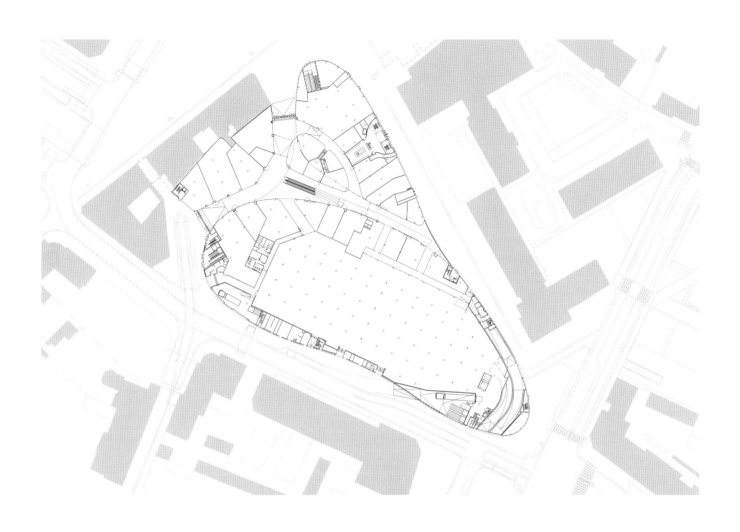

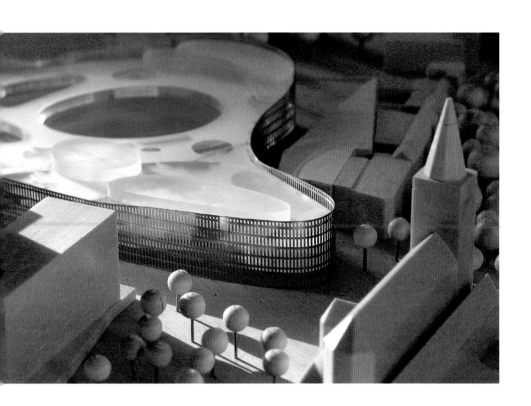

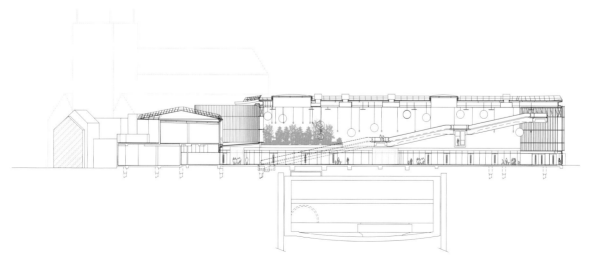

CANNES - CENTRO OSPEDALIERO / 2001-2009 / HOSPITAL CENTRE

Il sito di Broussailles è stato scelto per mantenere l'ospedale all'interno dell'area urbana. Il progetto architettonico, il suo aspetto e il modo in cui sono distribuite le varie parti evocano l'eleganza e l'intelligenza della progettazione degli yacht e dei transatlantici che attraversano la baia di Cannes. Grande rettangolo bianco, si ispira al bianco maestoso dei palazzi della Croisette, spazio pubblico di riferimento per riqualificare i margini dell'ospedale attraverso la creazione di un doppio viale fiancheggiato da palme. L'installazione di chioschi, una sorta di "folies" su questo nuovo viale, verrà dunque a rafforzare l'idea di un ospedale urbano. Il viale mediterraneo diventa la soglia dell'ingresso principale, ampia "lobby" illuminata da pareti vetrate e da cortili aperti sul paesaggio. Nel prolugamento, una galleria offre spazi e servizi. I corridoi di passaggio, spaziosi come in un hotel, riccvono lateralmente la luce naturale, amplificata da balconi che danno sulla baia. Le camere, per lo più singole (80%) sono ripartite in unità di 14 letti modulabili. Ispirati alle "gelosie"e ai giochi d'ombra e di luce cari all'arte pittorica di Matisse, i vetri sono occultati da persiane in alluminio bianco, che regolano la luminosità secondo i desideri del paziente e scandiscono piacevolmente lo sviluppo di una facciata di 185 m. All'esterno alcuni spazi offrono gradevoli sorprese: a sud, un giardino-chiostro riservato al reparto maternità dà alle famiglie un'impressione di intimità protetta; al secondo piano, la terrazza nel prolungamento del piano tecnico offre un belvedere ai pazienti, come il ponte superiore di un battello; a ovest, un'apertura inquadra il massiccio dell'Esterel e ospita il ristorante. Questo edificio urbano rifiuta l'immagine tradizionale dell'ospedale: tutto è concepito per produrre un'impressione di pace, fino alla "dimora dei convalescenti", una sorta di camera di decompressione dopo l'ospedalizzazione, dove il paziente può serenamente aspettare la famiglia. Il comfort ospedaliero, psicologico e alberghiero viene qui considerato come un primo passo verso la guarigione.

The Broussailles site was chosen to retain the hospital within the urban area. The architectural project, its style and distribution system evoke the elegance and intelligence of the layouts to be found in the yachts and liners sailing through Cannes bay. The large white rectangle is inspired by the gleaming whiteness of the palaces giving onto the Croisette, a reference public space, and redefines the hospital elevation through the creation of a double mall planted with palm trees. The installation of "folly-like" stands along this new boulevard will further reinforce the idea of an urban hospital. This Mediterranean mall becomes the threshold for the main entrance to the hospital, a vast lobby lit by glazed walls and two landscaped patios. This area leads through to a gallery providing spaces and services. The spacious and wide hotel-like circulation routes receive natural light from their sides, amplified by balconies overlooking the bay. The bedrooms, generally for one person (80%), are distributed into modular units comprising 14 beds. Inspired by venetian blinds and the interplay of light and shade so present in paintings by Matisse, the windows have white aluminium shutters that patients can open or close to adjust the light level in the room. These shutters agreeably articulate the outline of a 185 metre long elevation. Outside, a number of significant spaces hide away attractive surprises: to the south, a cloister-garden reserved for the maternity unit provides families with a feeling of protected intimacy; on level 2, the terrace extending the technical support centre provides hospitalised patients with a belvedere resembling the upper bridge of a ship; facing west, a slit in the building frames the Esterel hill and incorporates the cafeteria. This urban building is completely different from the image traditionally held by hospitals. Everything is designed to provide a soothing environment, right through to the area where patients leaving the hospital can sit down and peacefully wait for their families to collect them. In this hospital, the physical and psychological comfort of the environment is considered as being one of the first steps towards recovery.

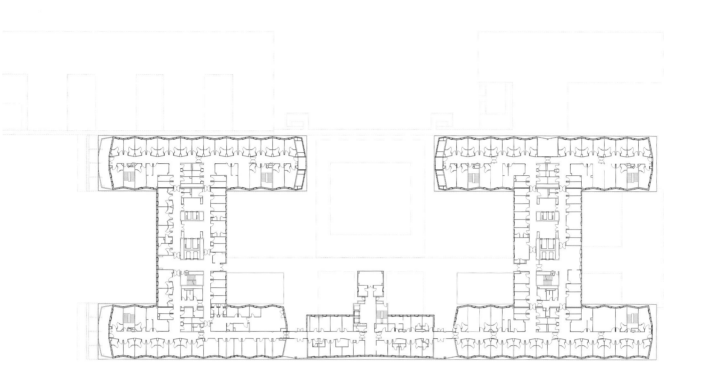

LIONE - EDIFICIO PER UFFICI / 2006-2009 / LYON - OFFICE BUILDING

La complessità del sito di impianto dell'edificio adibito a uffici all'interno di un isolato nella ZAC ("Zona a Sistemazione Concertata") Thiers, a Lione, richiede una visione urbana globale e un progetto unificante, capace di dialogare con le diverse scale e funzioni di questo quartiere. A ovest l'edificio ha di fronte la linearità parallela delle rotaie ferroviarie; a est dà sull'incrocio tra due grandi vie di comunicazione (avenue Thiers e boulevard Stalingrad); a sud, infine, guarda un parallelepipedo formato da una successione di edifici destinati a uffici, con vetri a specchio. La morfologia monolitica della struttura, gerarchizzata e incisiva, di ordine classico – zoccolo, corpo principale e attico –, la impone fin da subito come la punta di diamante di tutta la ZAC. La modanatura della facciata, il cui parallelismo risponde alla linearità della ferrovia, si afferma col suo aggetto come la maestosa prua di una nave. La sua orizzontalità si flette per accogliere, nello spazio vuoto, un boschetto di betulle, soglia di passaggio tra l'immobile e la città. La cintura in vetro che rende il complesso più intimo scompone l'immagine del giardino e degli alberi in un gioco di infinite trasparenze e riflessi, creando l'effetto di una foresta virtuale. L'edificio è formato da nove livelli in sovrastruttura e tre in infrastruttura. La sua concezione unisce la bellezza architettonica e l'alta qualità ambientale. La superficie esterna – omogenea – è efficace dal punto di vista termico in virtù dell'adozione, all'interno, di telai di vetro che ospitano veneziane orientabili. Questo dispositivo permette di controllare gli apporti e l'intensità della luce. All'esterno, la facciata ha un'argentatura riflettente, a bande orizzontali, la cui frequenza cresce con l'aumentare dell'altezza dell'edificio e della sua esposizione al sole. Di notte il dispositivo si inverte, per formare una spettacolare lanterna urbana, stratificazione ritmica di fasce orizzontali d'ombra e di luce. Il gioco infinito di immagini, linee, strutture e colori conferisce a questa concezione "termodinamica" una potente identità grafica.

The complexity of the site location for the office building in the Thiers urban redevelopment zone in Lyon called for a global urban vision and a federating project able to dialogue with the various scales and functions existing in this district. To the west, the building is confronted by the parallel linearity of the railway tracks, to the east, it gives onto the junction of two major thoroughfares (Avenue Thiers and Boulevard Stalingrad) and, finally, to the west, it overlooks a parallelepiped-shaped site containing a string of mirror-glass finished service blocks. The hierarchical and incisive monolithic morphology of the building which provides a standard layout - base, main block and roof level - immediately imposes itself as the spearhead for the entire urban redevelopment zone. The form of the elevation, whose parallelism echoes the linearity of the railway, is further emphasised by its conquering prow-like cantilever. Its horizontal elevation curves inward to form a recess occupied by a garden of birch trees acting as a transition threshold between the building and the city. The surrounding glass skin privatises the space while reinforcing the image of the garden and its trees, creating an effect of transparency and infinite reflections that give the impression of a virtual forest. The building has nine superstructure and three substructure levels. Its design allies architectural quality and high environmental quality. Its uniform skin provides excellent thermal performance achieved through the use of breathing window frames incorporating directional slat blinds. The system controls both heat gain and lighting intensity. The external elevation has a series of horizontal mirrored glass strips whose frequency increases towards the top of the building and its exposure to sunlight. At night, the system inverses to reveal a spectacular urban lantern, a rhythmic horizontal stratification of light and shade. The infinite reflection of images, lines, textures and colours provide this "thermodynamic" design with a powerful graphic identity.

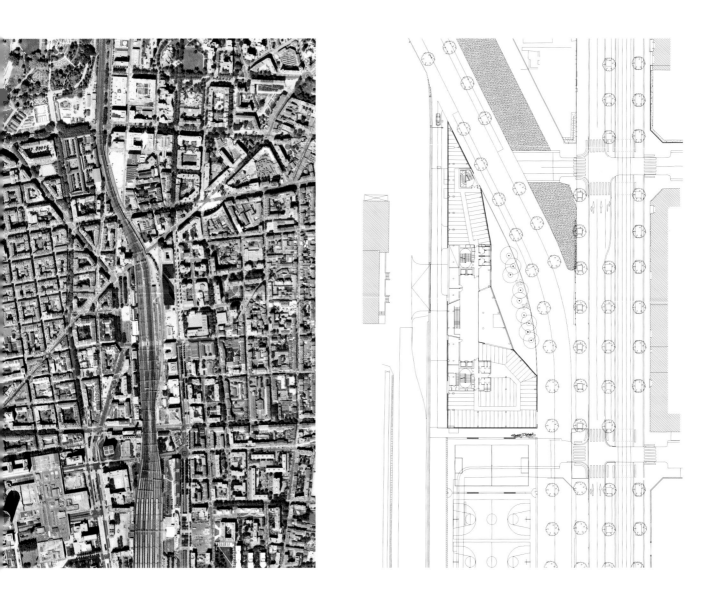

PARIGI XIarr. - ASILO NIDO SAINT-SABIN / PARIS 11th - SAINT SABIN DAY CARE CENTRE

Questa realizzazione rientra nel programma di ristrutturazione di un lotto situato in un sobborgo parigino. Per la misura in cui rispetta la "scala" e il "vocabolario" dell'11e arrondissement, l'asilo nido è una costruzione perfettamente inserita nel contesto, eppure, all'interno del suo isolato, si presenta come una sorpresa. Consiste in due edifici che si sviluppano in lunghezza, collegati tramite un corridoio: uno spazio intimo e tranquillo che favorisce i giochi e il riposo dei bambini. L'edificio nord, riservato all'accoglienza, ripartito su due livelli, esprime il proprio ritmo nella ripetizione di elementi verticali, colonne di legno laminato, che sostengono una terrazza alta protetta dal sole da tende a strisce blu e bianche, e affermano la verticalità dell'insieme conferendogli un aspetto ludico e balneare. Tra l'interno e l'esterno, le aree destinate al gioco e alla circolazione, mimetiche e sorprendenti, si fondono o si differenziano, a seconda di come è più opportuno. L'edificio sud — sede dei locali di servizio al piano-terra e di un alloggio di servizio al primo piano — presenta numerose finestre e porte-finestre molto alte, che permettono l'accesso diretto all'edificio nord attraverso il giardino interno disseminato di alberi in vaso, che animano la facciata. Questo edificio pubblico evita i luoghi comuni dell'"infantilismo" e del gioco del Lego. Come gli immobili o gli appartamenti parigini, adotta materiali tradizionali quali la pietra, la copertura di zinco, le pareti intonacate e i pavimenti in legno, riducendo in tal modo la distanza tra l'asilo nido e la rassicurante casa familiare. Per la dolcezza delle proporzioni e la generosità degli spazi, dedica la massima attenzione possibile alle modalità di accoglienza dei bambini molto piccoli.

The project forms part of a restructuring programme for a plot located in an inner Parisian suburb. The respect of scale and the building vocabulary of the 11th arrondissement give the day nursery the appearance of having always been there, while the architecture reserves a surprise in the centre of the block. Two long buildings connected by a deck provide a warm and peaceful space in which the children can play and rest. The two level north building containing the reception area is given rhythm by its repetition of vertical elements - glued laminate timber columns supporting an upper terrace shaded by blue and white striped awnings that further reinforce the verticality and give the entire building a playful, seaside-like appearance. Lying between indoors and outdoors, mimetic and surprising play areas and circulation zones combine or break away from one another depending on the presented opportunities. The south building which contains service premises on the ground floor and staff accommodation above is pierced by tall windows and casement doors that provide direct access to the north building across an indoor garden planted with potted trees that liven up the elevation. This public building avoids all the "baby-talk" and Lego-like clichés. Echoing Parisian buildings and apartments, it uses traditional materials such as bonded stonework, zinc roof, lime plaster and timber flooring to reduce the difference between the day care centre and the child's home environment. By respecting the scale of those that will be using it and providing generous spaces, the centre reveals the great deal of thought given to its use as a place for infants to play and rest.

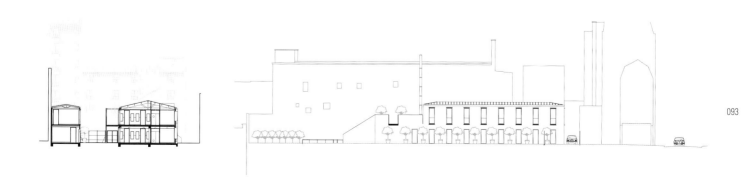

CAPITOLO 2 / CHAPTER 2

Il carattere e l'identità degli edifici sono definiti da strutture, superfici intercambiabili. Questo sistema di facciate che sembrano composte da elementi suscettibili di ripetersi nasconde in realtà un lessico sempre rinnovato che, lungi dal rispondere ai soli criteri estetici, corrisponde anche alle sue funzioni generali. L'obiettivo è innanzitutto di non conferire nessun sovraccarico, nessuna ridondanza all'architettura, che elimina qualsiasi gioco formale, in breve tempo superato. In questa strategia sistematica, determinante è l'orientamento rigoroso e l'affinamento dello sguardo verso l'essenza dell'aspetto esteriore dell'edificio. Il centro ospedaliero di Douai, con la facciata dalla struttura ripetitiva, può di primo acchito apparire privo di attrattive. Ma la finezza sta nella regolarità di una composizione che genera ordine, nelle proporzioni e soprattutto nella forma dell'espressione. L'idea che soggiace alla realizzazione conferisce all'edificio, attraverso il suo aspetto esteriore, attrattive puramente visive. La caratteristica di questa architettura risiede quindi non soltanto nel lessico ma anche nella retorica. Nel 1968, in *No Stop City,* Andrea Branzi ironizzava sull'architettura moderna, all'epoca spinta ai limiti estremi dell'assurdità: "La vera e propria rivoluzione dell'architettura radicale è la rivoluzione del kitsch: un consumo culturale di massa, la pop art, il linguaggio industrio-commerciale. L'idea è di spingere al parossismo la componente industriale dell'architettura moderna e, da lì, radicalizzare". Questa immagine iperbolica non può essere trasposta all'epoca attuale. E tuttavia, ciò che affascina lo studio Brunet Saunier è l'idea di una struttura neutra, autonoma, con un aspetto estremamente semplice, industrializzato, che però nasconda una concezione intelligente, in grado di conferire all'architettura validità eterna. S.R.

The character and identity of the buildings are defined by textures and interchangeable surfaces. This elevation system, which seems to be formed from elements open to repetition, in fact incorporates a constantly renewed vocabulary that rather than simply meeting the aesthetic criteria of the building, also matches its overall functions. Above all, the aim is to avoid any rapidly outdated architectural excess or pompousness. The determining aspect of this systematic strategy is a rigorous, sharpened focus on the very essence of the building's envelope. The hospital centre in Douai, with the repetitive structure of its elevation, might not seem particularly attractive at first glance. But the subtlety lies in the regularity of a composition generating order, in its proportions and, above all, in the form of the expression. The idea underlying the design was to give the building a number of purely optical attractions materialised through its envelope. As a result, the characteristics of this architecture lie both in its vocabulary and its rhetoric. In 1968, in "No Stop City", Andrea Branzi sarcastically wrote the following concerning modern architecture which, at that time was being pushed to an extreme absurdity: "The real revolution of radical architecture is the revolution of kitsch: mass cultural consumption, Pop Art and the industrial-commercial language. The idea is to push the industrial component of modern architecture through to its extreme and, by doing so, radicalise it". This completely exaggerated image cannot be adapted to today's world. Nevertheless, what fascinates Agence Brunet Saunier is the idea of a neutral, self-contained structure with a very simple industrialised skin that expresses an intelligent concept that assures the durable validity of the architecture. S.R.

DOUAI - CENTRO OSPEDALIERO 2001-2008 / HOSPITAL CENTRE

Situato sul margine della valle, l'ospedale, dalle dimensioni imponenti (180 x 100 m), somiglia a una fortezza collocata tra città e campagna. Per valorizzare l'ambiente e mettere il paziente a suo agio, il parco riprogettato ricorda il viale di un castello, fiancheggiato da sculture. Questo asse, che conferma la simmetria della struttura e la centralità della sua installazione, conduce a un piazzale coperto da una tettoia aggettante (lunga 90 m e larga 10) che accoglie i visitatori, ospita alcuni negozi, una zona di sosta e il capolinea della tramvia. Procedendo verso l'atrio, vengono meno i limiti e gli intervalli tra interno ed esterno. La struttura polivalente e compatta è organizzata su tre sequenze. La sua altezza non supera quattro piani, per conservare la piacevolezza dei cortili, che apportano luce e ventilazione naturale. La facciata a vetri serigrafati è ornata da un disegno geometrico a losanghe, che richiama un motivo decorativo regionale a mattoni verniciati. L'argentatura disposta in diagonale si accentua in alto e la sua brillantezza, come uno specchio senza foglia, si alterna con l'opacità del vetro nero. Questo contrasto di elementi presenti/assenti, sfocati/nitidi, conferisce all'edificio un'evanescenza che lo smaterializza e lo alleggerisce. All'interno il contrasto è totale: una seconda pelle in conglomerato di resina colorata accanto alla massa nebulosa delle rose dei cortili. Il concetto fondamentale di non irrigidire nulla ha omogeneizzato e reso neutri gli spazi. Tale lavoro permette di considerare, in qualsiasi momento, le possibili evoluzioni future, interne o satellitari. Questo autentico "palazzo" ospedaliero beneficia di strategie coerenti con i regolamenti in vigore: ottimizzazione ergonomica per il miglioramento delle condizioni di lavoro, gestione dei flussi in funzione delle responsabilità generiche e non delle specializzazioni. L'impostazione ambientale è esemplare: le vetrate traspiranti, che garantiscono un perfetto isolamento termico e acustico, e inoltre l'applicazione di caucciù – e non più di plastica – su tutta la struttura, lo rendono un cantiere "verde" con ben pochi elementi nocivi e zero rifiuti. Il nuovo ospedale realizza un considerevole risparmio di energia, dona comfort e sicurezza all'utente e integra un'importante dimensione ambientale attraverso l'inserimento del verde in tutti i suoi spazi.

Located on the outskirts of the town, the very large hospital (180 m x 100 m) resembles a fortress lying between town and country. To enhance the environment and provide a restful setting, the restored garden evokes the image of a sculpture-lined drive leading up to a chateau. This axis reinforces the building's symmetry and the centrality of its setting. It gives onto an esplanade covered by a cantilevered canopy (90 m long and 10 m deep) which welcomes visitors and shelters shops as well as providing a car park and the tramway terminus. Continuing towards the hall, it breaks down the limits between interior and exterior spaces. This compact monospace is organized into three sequences. To retain the attractiveness of the patios that introduce natural light and ventilation into the building, its height does not exceed four floor levels. The screenprinted glass elevation is decorated with a lozenge shaped geometrical pattern, a reference to the decorative varnished bricks to be found in the region. The diagonally laid silvering becomes more concentrated as it rises up the building and its brilliance, like a two-way mirror, alternates with the opacity of black glass. This contrast between elements that are absent/present, blurred/clear, provides an evanescence that dematerializes and lightens the building. The fundamental concept of leaving the hospital open to potential change results in a series of uniform, neutral spaces. This open-ended approach means that future developments, be they internal or through spatial additions, can be envisaged at any time. The underlying strategies governing this almost palatial hospital are fully consistent with the regulations in force: optimised ergonomics to improve working conditions, and flow management based on patient management rather than specialist departments. HEQ played an important role in the design: permeable glazing providing perfect thermal and noise insulation, the use of rubber rather than PVC throughout the building, "green" site works with low nuisance levels and zero waste. The new hospital makes considerable energy savings, provides users with comfort and security, and integrates a high level of environmental awareness through the planting of all its surrounding spaces.

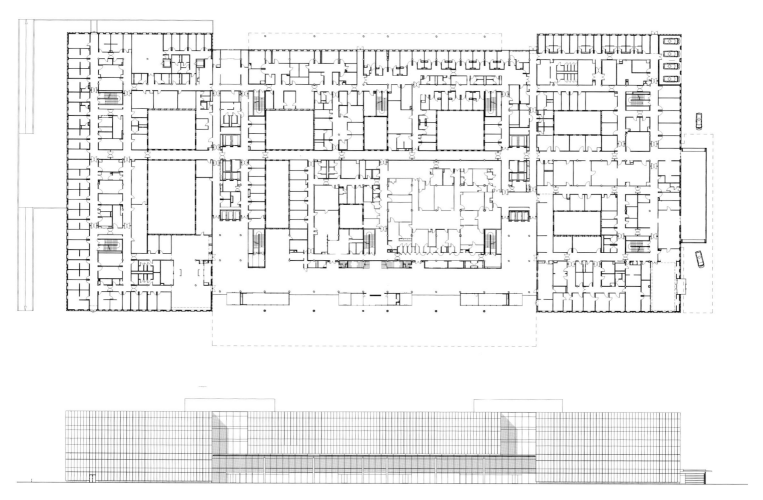

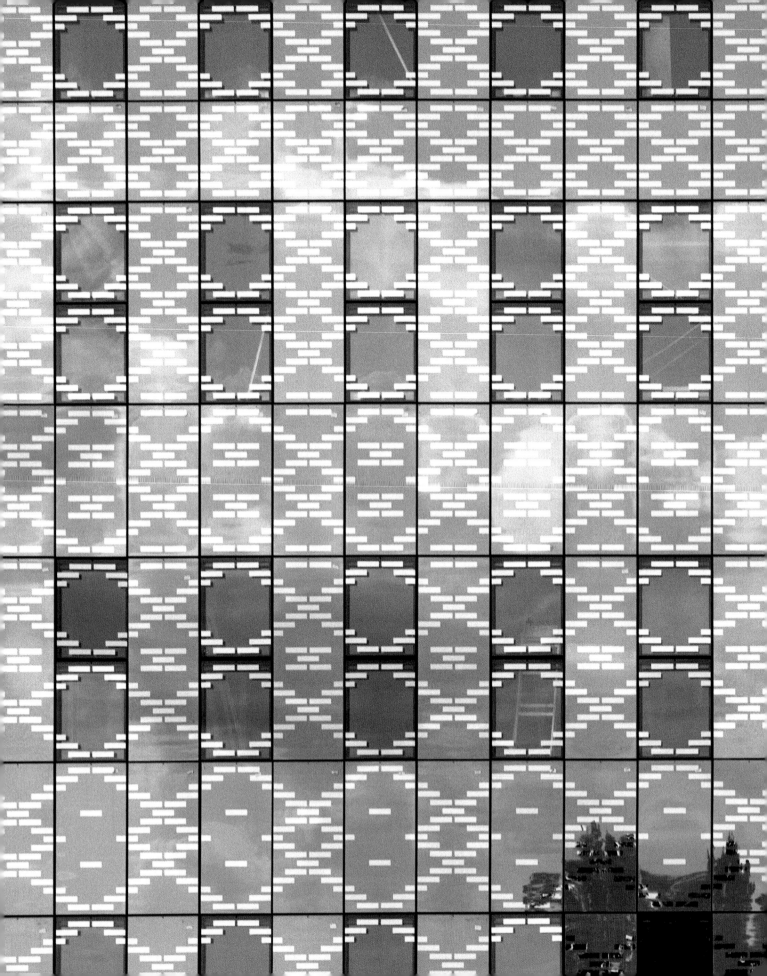

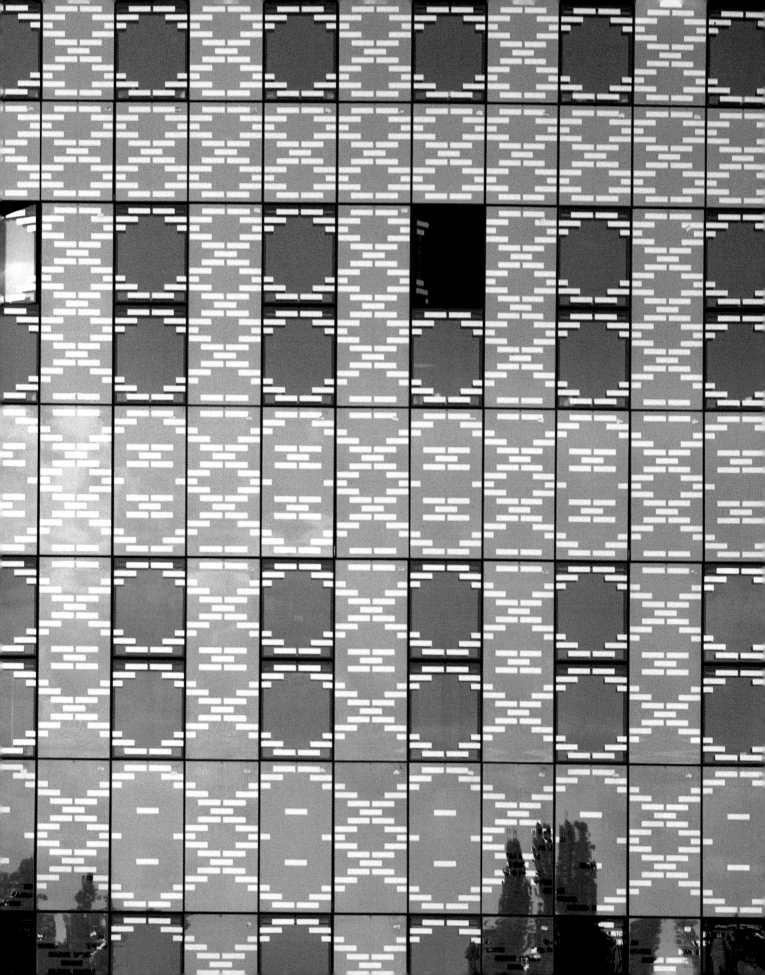

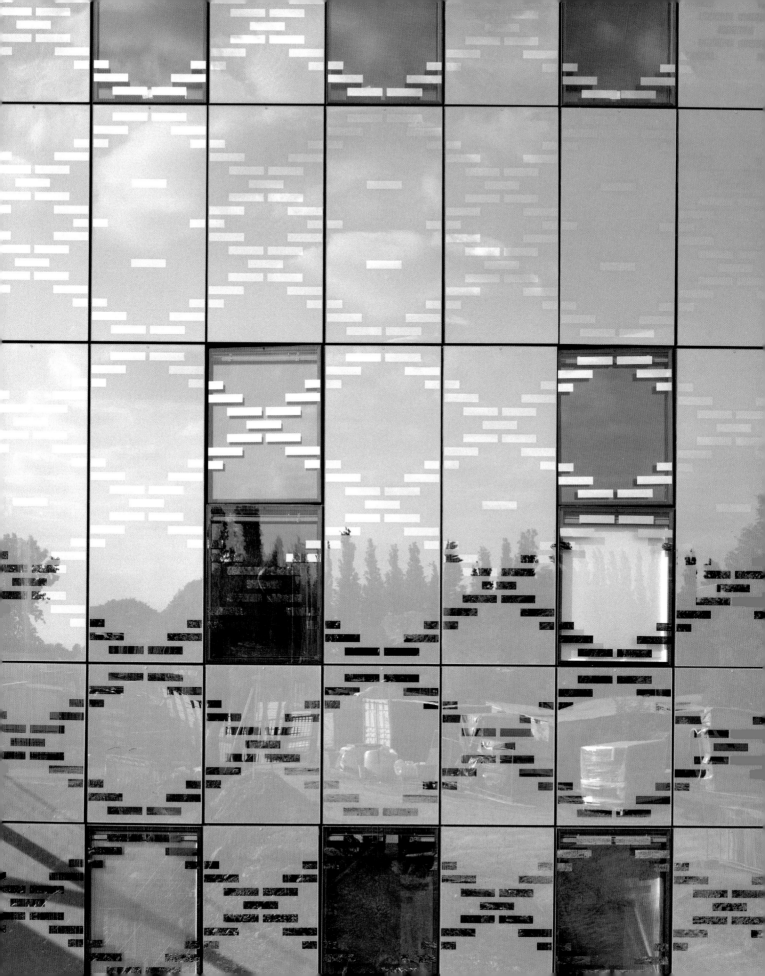

Situato sul territorio di una futura area di urbanizzazione controllata che beneficerà molto presto dell'arrivo del treno ad alta velocità, questo nuovo ospedale è nato dalla fusione degli ospedali di Belfort e di Montbéliard. Collocato sul sito di Trévenans, si trova anche in prossimità di un'importante rete stradale (A 36 e RN 1019). Ospedale "compresso" tra il livello alto e quello basso del sito e collocato in posizione alta, si estende da un'estremità all'altra di un asse nord-sud e apre le sue vedute principalmente a ovest, approfittando dei rilievi dell'ondulato paesaggio, sul limitare della foresta dei Vosgi. Il visitatore raggiunge il cuore dell'edificio con un percorso in leggera pendenza. Luogo di arrivo o di attesa, un androne d'ingresso centrale di circa 450 m² è compreso tra le due parti della struttura. Né atrio né piazzale, questo spazio pubblico sa al tempo stesso di interno e di esterno. Generosamente aperto sul paesaggio, sensibile alla temperatura esterna, è coperto da una vetrata prolungata a mo' di pensilina, che protegge dalle intemperie. Attraversando grandi cortili intermedi, il visitatore entra quindi in un atrio molto ampio, strutturato su due livelli, multifunzionale e di passaggio. Rassicuranti e agevolmente accessibili per il paziente, gli spazi e le relative funzioni possono essere identificati con immediatezza: la zona ristoro, i negozi, le sale d'attesa, gli ambulatori, le zone di accettazione e gli ascensori che conducono ai vari servizi e nelle unità di cura. Le camere, generalmente collocate nella parte occidentale del complesso, possiedono grandi aperture sul paesaggio. La luminosità e il comfort che le caratterizzano derivano dalla loro dimensione "umana": la gradevolezza del soggiorno è essenziale per la tranquillità psicologica del paziente, che viene considerato nella sua globalità di persona e non solo come un malato. Immagine collocata fra tradizione e modernità, simile a un'installazione artistica, al di sopra di uno zoccolo di vetro scintillante ed enigmatico, il nuovo ospedale "monolitico" presenta una facciata costituita da "travi" di legno orizzontali, il cui ritmo fluido e dinamico evoca l'idea di velocità delle opere dei futuristi italiani.

Located within a future controlled urbanisation zone that will very soon benefit from the arrival of the TGV (high speed train), the creation of the new Franche-Comté hospital results from the amalgamation of the Belfort and Montbéliard hospitals. Positioned on the Trévenans site, it is also close to a major roadway network (A36 motorway and RN1019 highway). Lying between the upper and lower levels of the site, the hospital is set high above the surrounding countryside. Stretching out to either side of a north-south axis, most of its openings look westward and take full advantage of the attractive hilly landscape giving onto the Vosges forest. Visitors move easily through to the heart of the hospital. A nearly 450 m² centrally positioned entrance porch providing a drop-off and waiting area is positioned between the two buildings. Neither a hall nor lobby, this public space creates an interplay between interior and exterior. Generously opening onto the surrounding landscape, exposed to the outdoor temperature, it is covered by a glazed roof that extends to become a canopy providing protection from bad weather. Passing though large intermediate patios, visitors then enter a well proportioned multifunctional and transitional double height hall. Designed to be reassuring and easily accessible to patients, spaces and functions are immediately identifiable: cafeteria, shops, waiting lounges, consultation rooms, admissions desk and lifts leading to the services and patient care units. The bedrooms, most of which face west, have large windows overlooking the landscape. Their brightness and comfort results from a successful "human" dimension: the attractiveness of the rooms is an essential psychological aspect for the patients who are considered holistically and not just through their illness. Lying between tradition and modernity, like an artistic installation, the new "monolithic" hospital is seated on an enigmatic reflective glass base and its elevations clad in horizontal timber "beams" whose dynamic rhythm echoes the idea of speed expressed in paintings by the Italian Futurists.

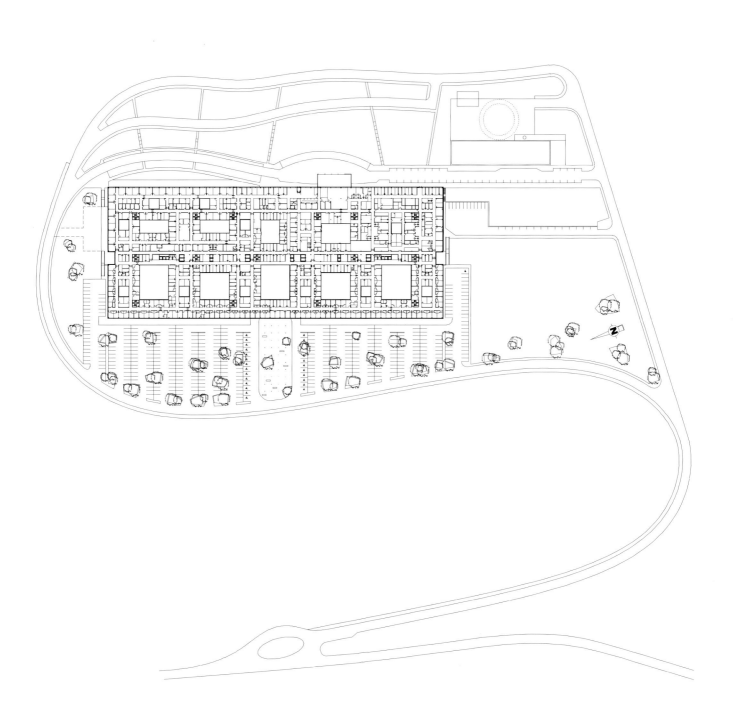

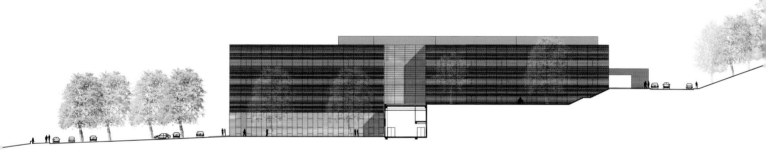

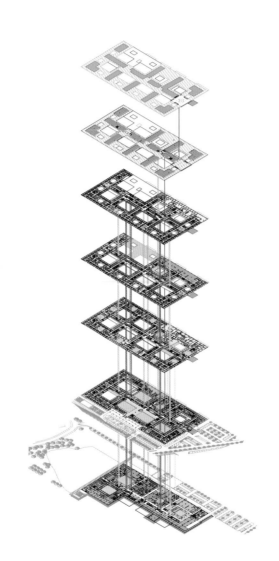

CHALON-SUR-SAÔNE - CENTRO OSPEDALIERO WILLIAM MOREY / 2003-2010 / THE WILLIAM MOREY HOSPITAL CENTRE

Il nuovo ospedale William Morey risponde alle esigenze di sviluppo del Grand Chalon. La logica intercomunale esige ormai strutture ospedaliere di scala metropolitana. Per servire meglio le città circostanti, abbandona il sito ristretto del vecchio ospedale sull'Île-Saint-Laurent e si stabilisce su un asse di forte sviluppo urbano e di valorizzazione della vallata del fiume Thalie. A misura d'uomo, compatta e dalla struttura semplice, questa struttura polivalente organizzata su cinque livelli, secondo un sistema di distribuzione "ad albero", risponde alla vera scommessa del mondo ospedaliero di domani. Modulari e flessibili, le superfici libere, senza una rigida destinazione, garantiscono un funzionamento armoniosamente evolutivo. La loro combinazione permette di mutare le funzioni secondo le diverse esigenze. Il suo carattere innovativo rende l'edificio adatto ad applicazioni terapeutiche sempre più sofisticate. Allo stesso modo, è all'avanguardia per quanto riguarda le modalità di utilizzazione di futuri strumenti tecnici e logistici. Il progetto valorizza l'atmosfera poetica e la concezione delle banchine lungo il fiume Saône. Una rientranza del piano terra (80 cm) "stacca" l'edificio dal suolo, conferendogli una sorprendente leggerezza, come per alleggerirlo della serietà della sua funzione. Sulla facciata, un gioco di "pixel" costituiti da vetri dorati si afferma nel suo carattere, proponendo una rilettura contemporanea dei tetti borgognoni a motivi geometrici. All'interno, i materiali sono semplici e tradizionali, pietre di Borgogna e resina. La superficie è punteggiata di cortili alberati che procurano luce e ventilazione naturali. Comfort e design contribuiscono all'eleganza e alla convivialità delle aree d'ingresso, dei corridoi di transito e della caffetteria. L'intelligente installazione e un'architettura solida e monolitica fanno di questa struttura un punto di riferimento nella conurbazione del futuro. L'ospedale diventa un luogo di passaggio e di svago, intorno a uno specchio d'acqua artificiale che riflette un'eccellente luminosità.

The new William Morey hospital is designed to meet the needs of the growing population of Greater Chalon. The intercommunality council now requires that hospital facilities be designed on the scale of the megapolis. To better cover the nearby towns, the isolated site of the old hospital on Ile Saint-Laurent has been abandoned and the hospital relocated to the Vallée de la Thalie, an axis undergoing strong urban development. This human scaled, compact and structurally simple monospace, organised over five levels through a tree-structured distribution system, is intended to meet the new challenges to be faced by the hospitals of tomorrow. The modular and flexible floor levels do not have any set attributions and are designed to be able to easily incorporate any changes in their uses. Because spaces can be combined, their functions can be adjusted whenever the need presents itself. The innovative building is able to adapt to the application of increasingly sophisticated therapies. Similarly, the building is designed to anticipate the future introduction of new technical and logistical tools (automated transport systems). The project is based on the poetry and the underlying idea of the nearby river Saône quayside. A setback on ground floor level (80 cm) detaches the building from the ground, giving it an extraordinary lightness that contrasts with the seriousness of its purpose. On the elevation, "pixels" formed from gilded glass elements affirm the building's identity by providing a contemporary reading of the geometric patterns to be found on the roofs of local traditional houses. Inside, time-honoured, simple materials such as the Burgundy stone floor finish and resin are used. The building mass is pierced by tree-planted patios, providing light and natural ventilation. Comfort and design contribute to the elegance and friendliness of the reception, circulation and cafeteria areas. The judicious location and a monolithic and reassuring architecture ensure that this establishment will be a pivotal point in the future conurbation. The area around the hospital, giving onto an artificial lake reflecting the attractive light to be found in the region, becomes a place to stroll and relax.

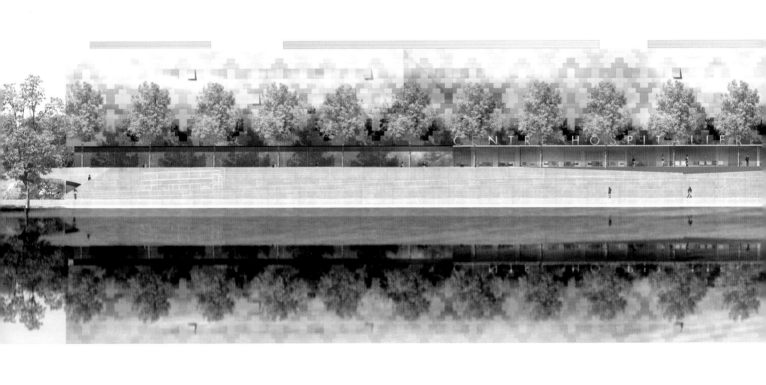

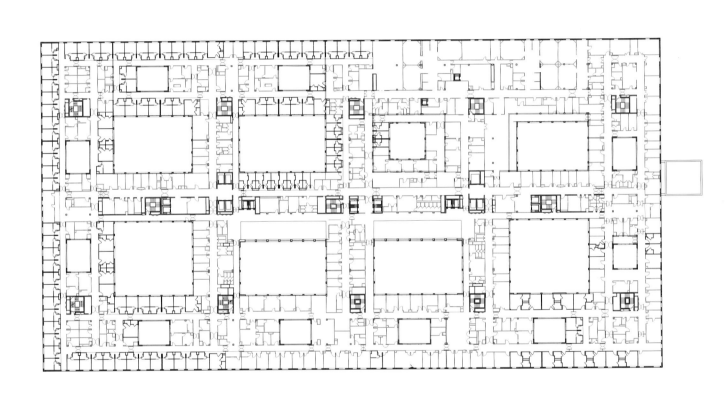

LE HAVRE - CONSERVATORIO ARTHUR HONEGGER, SCUOLA NAZIONALE DI MUSICA, DANZA E ARTE DRAMMATICA / 1998-2002

THE ARTHUR HONEGGER CONSERVATORY, NATIONAL SCHOOL OF MUSIC, DANCE AND PERFORMING ARTS

Il conservatorio Arthur Honegger è uno dei più importanti in Francia e ha una superficie complessiva di 5.500 m². Installato lungo l'asse del boulevard de la République, ricostituisce un fronte urbano, autentico trait d'union tra l'ingresso in città e i nuovi quartieri di cui fa parte, insieme all'università, a una biblioteca e ad alcune strutture sportive. La struttura in calcestruzzo, omaggio ad Auguste Perret, dà all'edificio una struttura compatta che ben si presta a una perfetta acustica. Tale pesantezza è controbilanciata da uno zoccolo in vetro serigrafato, che rappresenta strumenti musicali; al livello dei piani, una seconda pelle è costituita da una rete di cavi tesi e intrecciati, che conferiscono all'edificio una sorta di vibrazione musicale. La struttura, a pianta rettangolare, è edificata su tre livelli. Nel cuore dell'edificio si trova un vasto atrio di accoglienza, spazio di vita e comunicazione, e anche una caffetteria. Di una trasparenza totale – sia in senso orizzontale che verticale – è illuminato da un cortile centrale di forma ellittica, che conferma l'impressione di trovarsi in un ambiente interno, e diffonde la luce naturale a tutti i livelli, questi ultimi collegati da passerelle. L'atmosfera ovattata dell'edificio è accentuata da una velatura trasparente e filtrante, che oppone fluidità e leggerezza all'opacità del calcestruzzo esterno. A nord si possono trovare i luoghi destinati alle attività di gruppo: l'anfiteatro e la sala degli esami; a sud, le attività di insegnamento con gli studi, la cui acustica è stata specificamente studiata per ciascuna sezione strumentale. Tenuto conto della destinazione dei luoghi, l'acustica è stata particolarmente curata grazie all'impiego di materiali molto efficienti: si è già visto il calcestruzzo, ma ricordiamo anche le pareti fonoassorbenti in gesso con un triplo strato isolante e i paramenti in legno, che permettono di udire i suoni ma lasciano all'esterno i rumori della città… Numerosi dettagli architettonici esterni e interni fanno riferimento al tema della musica: vetri serigrafati, veletta metallica sulla facciata, accostamento di nero e bianco, porte delle sale dei corsi, così come al mondo del mare, attraverso la morfologia dell'edificio. Tutto qui è concepito per fare di questa realizzazione un luogo aperto al pubblico e in grado di far nascere delle vocazioni…

The Arthur Honegger conservatory, one of the most important in France, has a developed surface area of 5,500 m². Giving onto Boulevard de la République, it recreates an urban frontage, providing a bridge between the town and the new districts of which it forms part alongside the university, a library and sports facilities. The concrete structure, a homage to Auguste Perret, gives the building a massiveness conducive to perfect acoustics. This density is opposed by the lightness of a glazed base with screenprinted representations of musical instruments. The upper floors have a second skin formed from a mesh of tensioned braided cables providing the building with a musical resonance. The three storey building has a triangular plan layout. A large reception hall, a place to meet and communicate, and a cafeteria lie in the heart of the conservatory. This totally transparent area - both horizontally and vertically - is lit by a central ellipse-shaped patio. This device reinforces the impression of interiority and distributes natural light to all levels which are interconnected by walkways. The hushed atmosphere of the building is accentuated by transparent filtering netting whose fluidity and lightness opposes the opacity of the external concrete. The northern part of the conservatory is used for grouped activities such as the amphitheatre and examination room, while the south contains teaching activities with studios whose acoustics have been specifically studied for each instrumental section. Given the use of the premises, particular attention was paid to the acoustics and the use of high performance materials including concrete, triple insulated partitions, and timber facings that allow the music to be heard without being disturbed by noise from the surrounding town penetrating the building. The large number of internal and external architectural details make specific reference to the musical theme (screenprinted glazing, metal veil hanging in front of the elevation, black and white colours, and the doors to the classrooms) as well as to the sea through the morphology of the building. Everything is designed to assure that the conservatory opens out to the public and encourages the artistic involvement of those living in the town.

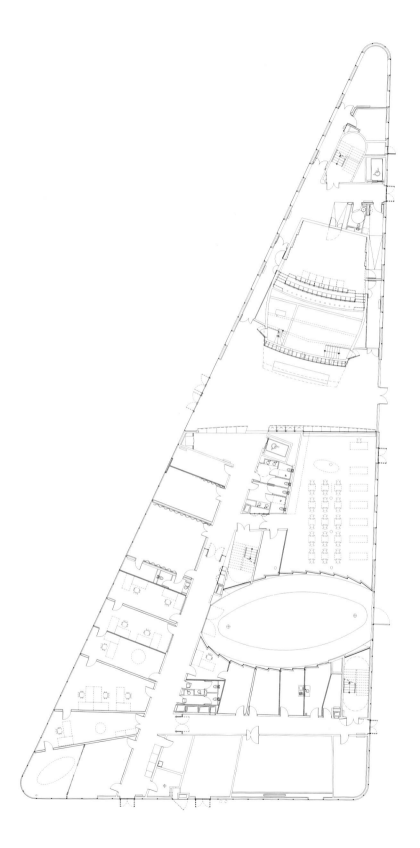

SAINT-DENIS - EDIFICIO ARC-ET-CIEL / 2001-2006 / ARC-ET-CIEL BUILDING

Sul sito storico della Siemens, nel quartiere Pleyel, non lontano dalla torre Zehrfuss, il programma immobiliare di uffici "Arc-et-Ciel" si inserisce in un territorio in piena trasformazione, ma limitato dalla presenza della rete ferroviaria e dell'autostrada A86. È inevitabile che l'asse principale dell'avenue François Mitterrand, attualmente senza sbocco, venga prolungato. Il progetto, concepito in previsione di questo sviluppo, diventerà così il trait d'union tra due quartieri non ancora collegati: Pleyel e Le Landy. Il progetto prevede che il complesso immobiliare (34.990 m²) si sviluppi lungo rue Pleyel e in parte all'angolo di boulevard Ornano e di rue de Tunis; esso comprende un edificio a sei piani, formato da un corpo principale e da ali di risvolto. Il progetto risponde alle norme e agli standard internazionali degli immobili terziari di "ultima generazione". Concepito con le massime prestazioni tecniche e di servizi, "Arc-et-Ciel" offre le molteplici comodità richieste dagli utenti degli uffici di oggi. Trasparenza, comunicazione e alta qualità ambientale sono le parole d'ordine del team di architetti. Gli uffici, tutti ben esposti alla luce naturale, offrono comfort e luminosità. Su richiesta, il controllo della luce e della protezione solare sarà assicurato da tende esterne collegate a un impianto sofisticato che permette l'accumulo delle radiazioni solari. Le finestre, tutte apribili, completano il ricambio d'aria affidato agli impianti di climatizzazione. I passaggi in senso verticale e le passerelle che uniscono i due corpi sono vetrati per permettere una migliore comunicazione. Collegate tra loro o divisibili, le piattaforme ottimizzano l'organizzazione degli spazi a seconda delle preferenze delle ditte. Leggera e slanciata, l'architettura dell'edificio è segnata da grandi cesure. La costruzione ha infatti gli ultimi due piani rientranti rispetto al complesso della struttura delle terrazze che si aprono sulla città. Particolare attenzione è stata dedicata alla progettazione dell'esterno: al di fuori della zona dei parcheggi, un giardino piantato ad alberi ad alto fusto e uno specchio d'acqua accompagnano il percorso pedonale.

Located on the historic Siemens site in the Pleyel district and near the Zehrfuss tower block, the Arc-et-Ciel office building programme lies in the heart of an area undergoing dramatic changes but which is contained within the railway network and the A86 motorway. It is inevitable that Avenue François Mitterrand, a major road axis which currently does not lead anywhere, will be extended. The project, designed in anticipation of this extension, will become the bridge between two districts that are currently not connected: Pleyel and Le Landy. The property complex (34,990 m²) is laid out along Rue Pleyel and partially on the corner of Boulevard Ornano and Rue de Tunis. It comprises a single seven storey building formed by a central body with return wings. The project meets international norms and standards applicable to the latest generation of office buildings. Designed to incorporate a wide range of technical features and services, Arc-et-Ciel provides the wide range of facilities demanded by users of contemporary offices. Transparency, communication and high environmental quality are key words in the architectural scheme. All offices are naturally lit, comfortable and bright. On request from the client, light control and solar protection are provided by external blinds linked to a sophisticated BMS (building management system) to control solar levels. All windows can be opened and contribute to the air renewal provided by the air conditioning equipment. Vertical circulation zones and the walkways linking the two buildings are glazed to permit better communication. Interconnected or divisible, the floor levels permit the spatial optimisation required by the companies occupying the space. The lightweight, slender architecture is given rhythm by large breaks. On the two upper floors, the building has stepped terraces overlooking the town. Particular care has been taken with the external layouts: next to the car park area, a garden planted with tall trees and a pool accompanies pedestrians as they pass by the building.

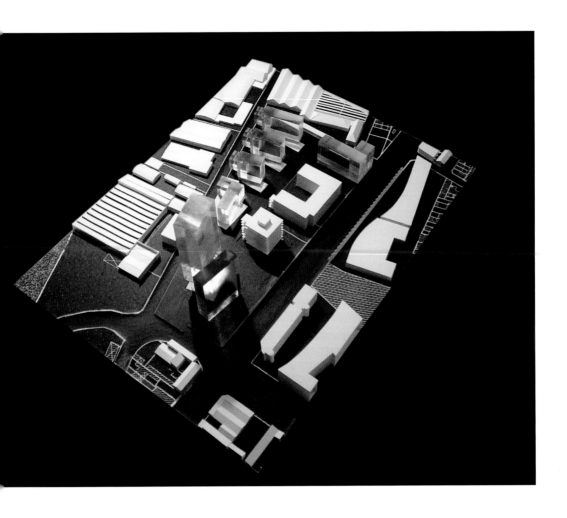

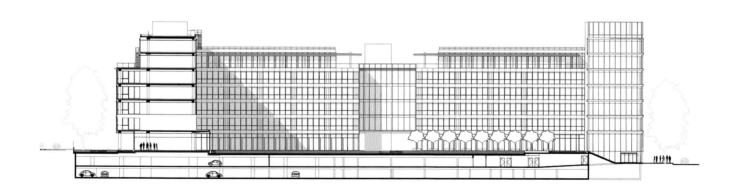

PARIGI XII_{arr.} / PARIS 12th - QUINZE-VINGTS / 2004-2008

ISTITUTO DI RICERCA OCULISTICA CLINICA E BIOMEDICA + UNITÀ COMPLEMENTARE LOCATIVA + RESIDENZA DI SERVIZIO
INSTITUTE OF CLINICAL AND BIOMEDICAL VISION RESEARCH + ADDITIONAL RENTAL UNIT + SERVICE RESIDENCE

L'Istituto di oculistica si sviluppa all'interno della cinta dello storico centro ospedaliero nazionale di oftalmologia di Quinze-Vingts, su una superficie di circa 10.000 m². Situato nel cuore di un isolato periferico, si arricchisce della sua eterogeneità e della molteplicità dei vincoli imposti dall'ambiente parigino. Il nuovo edificio è accessibile attraverso dei "passaggi" e riafferma l'allineamento lungo rue Moreau. Pignoni, altezze diverse e punti di interruzione appartengono alla storia urbana del quartiere e ne determinano la "diversità". Abilmente sfruttati, consolidano l'integrazione del complesso nel sito: un pignone in pietra è coperto di vegetazione, e un'area libera apre, attraverso un giardino, una seducente prospettiva verso il "viadotto delle arti", nel prolungamento della distesa verde. "Il mondo dell'uomo è il suo occhio", dice lo sciamano che veicola la materialità dell'universo e la trasforma in spiritualità. L'espressione architettonica del laboratorio risponde qui allo stesso concetto: volumetria minimalista, emblematica dell'oggetto della ricerca oculistica, una facciata, come un cristallino, rivestita di un poetico filtro di vetro che influisce sulla percezione dei contorni a seconda della luminosità. L'utilizzo creativo del vetro stampato industriale e la tecnica della vetrata incolore sono i punti chiave della ricerca. La facciata portante, costituita da un sottile strato di calcestruzzo, sostiene alcuni ripiani liberi profondi 30 m, occupati al centro da un nucleo strutturale, adibito sia alla circolazione sia a usi tecnici: dispositivo "neutro" di grande forza evolutiva per la progettazione di spazi fluidi e irradiati di luce naturale. Il locale caffetteria, a doppia altezza, ha ampie vetrate sul lato della strada e mette in relazione i due livelli accademici; è un passaggio obbligato, di incontro informale e di attesa, in qualche modo un luogo di scoperte. L'unità complementare – ispirata allo stesso principio costruttivo – ospita attività terziarie. La facciata fa riferimento ai negozi dei sobborghi per le dimensioni delle aperture e il ritmo verticale molto stretto degli infissi interni. Questo istituto rappresenta il primo progetto di interesse pubblico realizzato secondo il principio PPP (partenariato pubblico privato).

The institute of vision has a floor area of approximately 10,000 m² and is located within the grounds of the Quinze-Vingts national ophthalmology hospital centre. Lying in the heart of an inner suburban plot, it is enriched by its heterogeneity and the large number of constraints resulting from its Parisian environment. The new building is accessed along "passages" that recreate the alignment along Rue Moreau. Gable walls, points of disjunction and breaks all form part of the district's urban history and create its diversity. Skilfully used, they reinforce institute's integration into the site, as witnessed by the climbing plants covering a stone gable wall or an open plot offering a garden with an attractive view overlooking the Viaduc des Arts, extending the planted promenade. "The eye reveals a vision of the soul" says the shaman who transmits the materiality of the universe and transforms it into spirituality. The architectural expression of the laboratory seeks to express the same concept: minimalist volumetry, emblematic of research and vision, and an elevation resembling a crystalline lens covered by a poetic glass filter that, depending on the light, influences the perception of the surrounding contours. Research was guided by the creative use of textured industrial glass and the techniques used for colourless leaded glass windows. Taking the form of a concrete wall, the loadbearing elevation incorporates slabs spanning 30 metres that are occupied in their centre by a structural circulation and technical core. This solution provides a "neutral" arrangement able to adapt to a wide range of requirements, offering fluid spaces bathed in natural light. The double height café, largely glazed where it overlooks the street, connects the two academic levels, making it an obligatory point of passage where people can meet informally and relax.The additional unit, using the same construction principle, houses the service activities. The elevations make reference to the workshops to be found in Paris' inner suburbs through the proportion of the openings and the very narrow vertical rhythm of their windows. The institute is the first project in the public interest to be built using the Private Public Partnership.

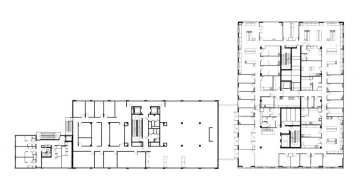

CAPITOLO 3 / CHAPTER 3

Percorsi, piazze, vedute dall'alto. Organizzare e disporre complessi programmi di divisione degli spazi e delle funzioni, conferire all'edificio un carattere adatto all'utenza, definire chiaramente le zone aperte a tutti e, all'occorrenza, irradiarle verso l'esterno: questo è il compito dell'architettura nelle primissime fasi dello studio di un progetto, che influenzerà in maniera determinante l'opera finita. Lo studio Brunet Saunier risponde in modo particolarmente pertinente a tale esigenza nelle opere complesse progettate in ambito medico. Il tema del movimento, della struttura interna – la forma ma anche la composizione del progetto – è indotto dalla flessibilità e da processi ricchi di fluttuazioni. Per quanto compatta l'architettura possa apparire dall'esterno, essa offre un ventaglio di intrecci equilibrati tra spazi esterni e interni. La qualità di questi ultimi è intrisa di un desiderio di comunicare che ingloba il passaggio, lo spazio transitorio, le aree libere interne e l'ambiente circostante. Jérôme Brunet ha l'ambizione di trasmettere l'architettura all'utente senza irritarlo con particolarità formali. Il risultato finale è una leggerezza senza pretenziosità che costituisce la cifra stilistica di ogni progetto e di ogni fase di realizzazione. S.R.

Paths, squares and bird's eye views. Arranging and laying out complex spatial and functional distribution programmes, providing the building with characteristics adapted to the user, and, among others, clearly defining spaces open to the public and, if necessary, letting them spread outward from the building. These factors govern the architecture from the very earliest design phases and strongly mark the building's final form. Agence Brunet Saunier responds in a particularly relevant manner to these factors when designing complex medical buildings. The theme of movement and internal structure - its form as well as its expression - results from processes rich in fluctuations and flexibility. While the architecture might appear compact when seen from the outside, it provides a series of balanced overlaps between internal and external spaces. Spatial quality is based on the need to communicate and this needs to incorporate passageways, transitory spaces, open internal spaces and the surrounding environment. Jérôme Brunet's ambition is to transmit the architecture to the users, without irritating them with formal particularities. The final result is a sense of lightness that, without pretension, finds itself incorporated into each project and the construction of each sequence. S.R.

VARSAVIA - CONCORSO INTERNAZIONALE PER LA REALIZZAZIONE DEL MUSEO D'ARTE CONTEMPORANEA / 2007

WARSAW - INTERNATIONAL ARCHITECTURAL COMPETITION FOR THE CONSTRUCTION OF THE MUSEUM OF CONTEMPORARY ART

Giovane capitale europea, Varsavia ha deciso di dotarsi di un museo di arte moderna e contemporanea. Questo sorgerà di fronte al Palazzo della cultura e delle scienze la cui imponente architettura, di impronta staliniana, è un punto di riferimento all'interno della città, e la testimonianza di un passato ormai concluso. Situato al centro di un immenso piazzale per certi versi simile a un parco, il nuovo museo, simbolo della cultura polacca moderna e del suo desiderio di apertura a tutte le forme di espressione artistica, ricrea un legame con la città. I volumi bianchi delle "scatole" del museo e i diversi elementi del programma, uffici e negozi, si allineano lungo la via Marszalkowska, e abbozzano così il futuro fronte urbano. In virtù della loro indipendenza funzionale, liberano completamente lo spazio museografico e formano una sorta di piazza interna, dalla quale si accede al museo. I volumi autoportanti, che sembrano levitare, sono sia scrigni per le opere che cimase dalle quali si "staccano" interventi artistici proiettati verso l'esterno, e perciò inseriti in una visione democratica dell'arte, accessibile a tutti. La trasparenza risponde all'opacità, l'alleggerimento alla pesantezza. Con perfetta fluidità, apertura e luminosità, il museo mette in relazione gli spazi edificati con quelli verdi, la piazza d'accesso e il parco. Di giorno, i pieni strutturano lo spazio. Di notte, si svela il vuoto interstiziale, in un sorprendente percorso architettonico. Il complesso diventa così un nuovo quartiere cittadino. Gli spazi espositivi si organizzano intorno a due nuclei di circolazione, su cui si innestano ascensori pubblici, scale e montacarichi. Tali collegamenti verticali, come anche le passerelle di collegamento, danno un contributo strutturale all'apparente leggerezza dell'insieme. La modernità di tale complesso consiste nel saper offrire la massima flessibilità spaziale e funzionale. Il museo è composto da entità che convergono in una struttura unitaria, che permette un'evoluzione per addensamento nell'utilizzo delle coperture e degli spazi vuoti, ma anche per estensione, nella parziale colonizzazione del parco da sopra la rete stradale, o ancora nella condivisione dei locali con l'edificio annesso. Il Museo è costruito a immagine della città di Varsavia, fatta di percorsi, di tensioni, di alternanza di pieni e di vuoti, di appiombi e strapiombi, di ombre e luce, di terra e cielo.

Warsaw, a young European capital city, has decided to equip itself with a museum of modern and contemporary art. It will be located opposite the Palace of Culture and Science whose imposing Stalinist architecture is a landmark in the city and bears witness to a bygone past. The white volumes of the museum "boxes" and the various programme elements, offices and shops are aligned on Marszalkowska Street, initiating a future urban frontage. Because of their operational independence, they completely free the museographical space and create a covered square giving access to the museum. The freestanding volumes that seemingly float in space are as much display cases for the works of art as they are picture rails onto which are hung artistic works facing onto the surrounding environment; an approach echoing the principle of a democratic vision of art accessible to all. Transparency echoes opacity, weightlessness counterbalances gravity. The museum is fluid, open and light, creating a relationship between hard and planted surfaces, and between the access square and the park. During the day, the solid elements structure the space while, at night, the interstitial voids reveal themselves as a striking patterned architectural expression. The museum complex becomes a new district in the city. The exhibition spaces are organised around two circulation cores that incorporate public lifts, staircases and goods lifts. These vertical links and the connection walkways structurally contribute to the apparent lightness of the composition. For this type of facility, modernity means providing the greatest level of spatial and functional flexibility. The Museum is a set of entities forming a whole that can be developed over time by densifying the use of the roofs and voids, as well as by extending into the car park below the street or sharing premises with the annexe building. The Museum is a reflection of Warsaw itself, a city of movement, tensions, alternating solids and voids, horizontals and verticals, light and shade, earth and sky.

161

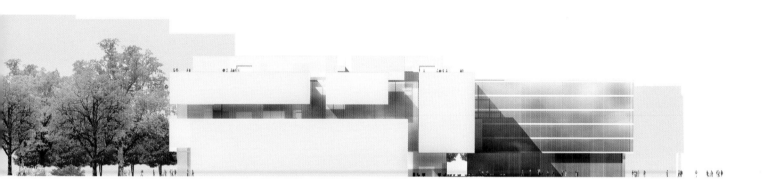

163

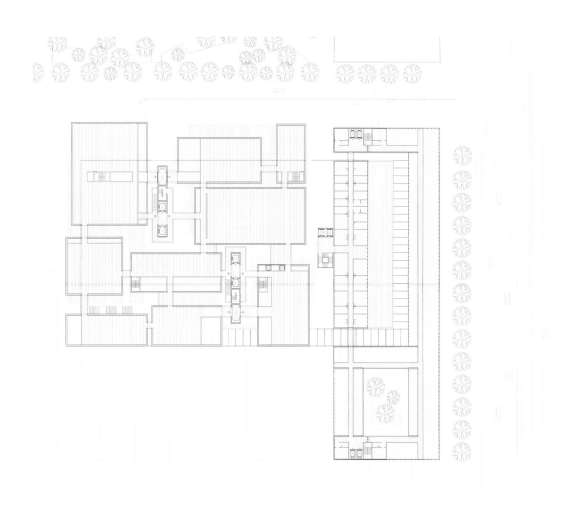

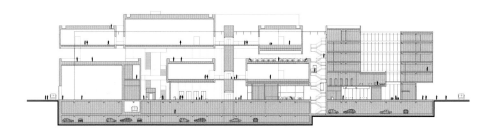

GINEVRA - OSPEDALE UNIVERSITARIO DI GINEVRA / 2005-2012 / GENEVA - GENEVA UNIVERSITY HOSPITAL

Atto V di una comedia in cui si succedono tutte le epoche, l'ampliamento del complesso ospedaliero universitario di Ginevra crea nuovi spazi per una struttura ormai insufficiente. Il nuovo padiglione letti, molto ampio, conferma il collegamento dell'ospedale con la città. Vi aggiunge un'entrata secondaria, da cui si accede, tramite pareti scorrevoli, a un piazzale creato nel prolungamento del giardino realizzato sul tetto dell'edificio del Gran Teatro. Il recupero di questi spazi pubblici – come rue Alcide Jentzer, trasformata in via pedonale – rende possibile il loro dialogo con la città e offre una buona qualità ambientale tanto al personale quanto ai pazienti. Autonoma e compatta, e con una grande forza d'inerzia che rende possibile il risparmio energetico, l'infrastruttura dell'ospedale comprende uno zoccolo di 4 livelli e 7 piani, oltre a 3 livelli di sottosuolo, per un totale di 41.000 m² di superficie (estensione del centro di servizi medico-tecnici e dei luoghi di ricovero). La sua massa rettangolare fortemente accentuata è addolcita da cortili laterali e grandi logge su 2 piani, che captano la luce in senso opposto rispetto al riflesso dei vetri dello zoccolo su cui poggia la struttura. Due tralicci di fondazione riducono l'impianto strutturale dell'edificio e sostengono una trave di supporto dell'insieme delle sette piattaforme in calcestruzzo, sulle quali sorgono i luoghi di ricovero. Questi sono definiti da una trama di punti portanti dagli spessori regolari, che permette una pianificazione molto flessibile. La funzionalità della pianta avvicina tra loro i servizi, riduce gli spostamenti, razionalizza la distribuzione e il collegamento delle unità tra i diversi edifici. La sua flessibilità d'uso faciliterà, in futuro, il cambiamento o la permutazione delle funzioni: in caso di necessità un piano potrà diventare un laboratorio. Le camere disposte a raggiera attorno alle unità di cura godono di un elevato livello di comfort alberghiero e di generose aperture. Alcuni locali, indipendenti tra loro, ma in relazione diretta con l'atrio, accolgono manifestazioni pubbliche o seminari e conferenze di livello universitario. La caffetteria, allo stesso livello, ha una terrazza e un accesso al giardino del Gran Teatro. L'arte e la cultura, infine, penetrano nell'ospedale per il piacere di tutti: l'atrio, la caffetteria e la cappella possono ospitare delle esposizioni, e il piazzale, animato da installazioni artistiche, diventa un supporto culturale e uno stimolo creativo, collegamento tra la città e l'ospedale.

Act V of a play in which all eras have succeeded one another, the extension to Geneva's university hospital complex reinforces the means available to a facility that had become too cramped. The large new patient bedroom building recreates the hospital's ties with the surrounding urban setting. It provides an additional entrance with sliding walls opening onto an esplanade extending the Grand Théâtre roof garden. These enhanced public spaces, as well as Rue Alcide Jentzer, now laid out as a pedestrian thoroughfare, dialogue with the city and offer both patients and staff an excellent environmental quality. Self-contained and compact, with a high level of inertia favouring energy savings, the hospital's infrastructure comprises a base incorporating four levels and seven upper floors, as well as three basement levels, representing a total of 41,000 m² (extension of the technical support centre and accommodation). Its strongly expressed rectangular mass is softened by the incorporation of side patios and large two-level loggias bathed in light from above and from the reflections off the glazed walls of the building's base. Two columns rising from the foundation reduce the building's siting and support a transfer girder that picks up the load of the seven concrete accommodation levels. These levels, defined by a grid of regularly spaced loadbearing points, permit a high level of organisational flexibility. The functionality of the plan layout brings the services closer together, reduces movements from one point to another, rationalises distribution and provides the units with links between the various buildings. In the future, its use flexibility will make it easy to change or swap functions: for example, a floor level could, if needed, be converted into a laboratory. The high performance and comfortable bedrooms radiating outwards from the patient care units all have large windows. The hospital is provided with premises for public events and university conferences. These independent spaces are directly connected to the entrance hall. Located on the same level, the cafeteria has a terrace and provides access to the Grand Théâtre roof garden. Art and culture have finally entered the hospital for the greater pleasure of the general public, staff and patients: the hall, cafeteria and chapel can be used to hold exhibitions, and the esplanade with its various artistic installations becomes a cultural support and a creative stimulant providing a link between the city and the hospital.

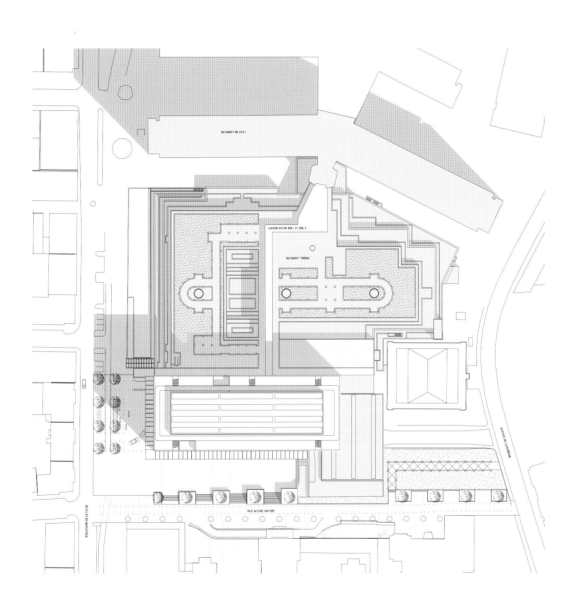

BATIMENT DE LITS 1

LIAISON ENTRE BDL 1 ET BDL 2

BATIMENT "OPERA"

BOULEVARD DE LA CLUSE

RUE ALCIDE JENTZER

AVENUE DE LA ROSERAIE

169

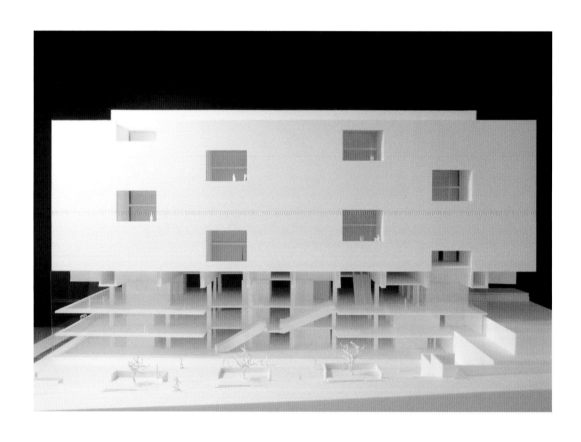

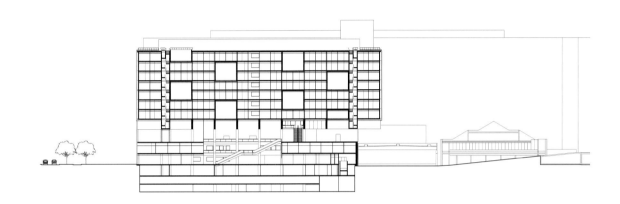

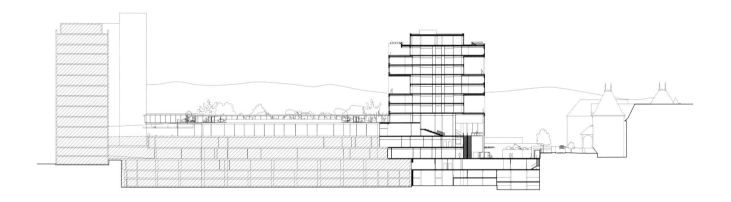

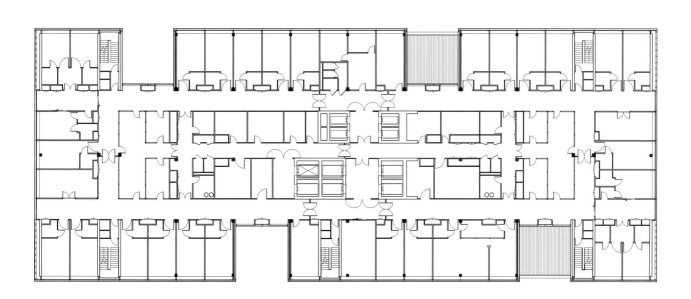

173

TOLONE - CENTRO OSPEDALIERO / 2002-2010 / TOULON - HOSPITAL CENTRE

Non è necessario che l'ospedale somigli a un ospedale! Quello di Tolone si ispira invece agli edifici bianchi del Mediterraneo, della Florida o della California. La sua scarsa altezza (piano terra +3) permette di gestire al meglio l'impatto visivo di tre costruzioni, che occupano 80.000 m². Un viale d'accesso dall'atmosfera mediterranea, fiancheggiato da palme, riprende l'immagine familiare e la tipologia delle famose "ramblas" di Barcellona, che ospitano terrazze di caffè e luoghi graditi per il "paseo" della sera. Qui il visitatore attraversa uno spazio urbano transitorio e ombreggiato, penetra in un atrio vetrato, rischiarato da alcuni cortili. Uno di essi si trasforma in una serra di acclimatazione piantata. Dopo questi giardini d'inverno gli utenti giungono agli abitacoli degli ascensori, che poi si aprono su pianerottoli inondati di luce naturale. Internamente, l'effetto-labirinto viene evitato grazie alle vedute e alle trasparenze abilmente associate ai punti di passaggio. Le camere, affacciate sul cortile o sul paesaggio (che ne determina l'atmosfera), sono protette da veneziane a tutta altezza, collocate tra i doppi vetri. In contrasto col bianco della facciata, esse sono colorate sul lato esterno e variano a seconda dei diversi reparti. Le loro tinte si mescolano con i riflessi multipli delle vetrate, dando un tocco al tempo stesso ludico e sofisticato alle facciate. La struttura dei cornicioni frangisole, rivestiti di elementi di calcestruzzo levigato bianco, assorbe la luce e i colori circostanti, provocandone la diffrazione. Ogni edificio è collegato agli altri sia dalla "rambla", concepita come un vasto atrio esterno, che da una passerella sopraelevata e da una galleria sotterranea. L'interconnessione degli edifici alle estremità, la continuità della struttura tra gli alloggi dei pazienti e i gabinetti medici all'interno dello stesso reparto, e infine la configurazione di due reparti per piano, rendono possibile una grande flessibilità d'uso. Gli spazi, globalizzati e resi indipendenti, rispondono all'evoluzione dei diversi settori, al variare delle attività ambulatoriali e ai cambiamenti di destinazione necessari: una totale libertà di appropriazione dello spazio, indispensabile all'evoluzione della medicina. Questo complesso polivalente così "mediterraneo", strutturato a scacchiera, ristabilisce il dialogo con il quartiere, di cui diventa il principale edificio pubblico, attento e rispettoso dei suoi immediati dintorni, autentico luogo urbano di vita e di animazione, a misura d'uomo.

There is no earthly reason for a hospital to look like a hospital! The Toulon-Sainte-Musse hospital is more like one of the great white palaces to be found in Florida, California or giving onto the Mediterranean. Its low height (four storeys) controls the visual impact of its three buildings occupying a surface of 80,000 m². An access mall, planted with palm trees and other Mediterranean species, makes reference to the familiar image and typology of the famous "ramblas" in Barcelona with its café terraces and favourite spots for the evening "paseo". The visitor crosses a transitory shaded urban space before entering a glazed reception hall naturally lit through the patios. One of these spaces, covered by a glazed roof, is transformed into a greenhouse planted with cacti. These winter gardens lead users to the lift banks which open up onto landings bathed in natural light. Landscaped views and areas of transparency associated with the circulation zones avoid any labyrinthine effect within the building. The bedrooms, with their "patio or landscaped setting", are protected by full height venetian blinds incorporated within the thickness of the double glazing. Contrasting with the whiteness of the elevations, the external faces of the blinds are coloured, with each sector having its own colour. These colour tones combine with the multiple reflections of the windows, giving the elevations an appearance that is both sophisticated and playful. The texture of the projecting white concrete clad sunbreaker captures and diffracts the light and surrounding colours. Each building is linked to the others by the "rambla", handled as a vast external hall, by a high level walkway or by an underground gallery. The overlapping of the sectors at their ends, the continuity joining together accommodation and consultation for each service and, finally, the positioning of two sectors on each floor level, offers a high level of use flexibility. The independent globalised spaces are able to meet changes in the sectors, fluctuations in ambulatory activities, and the necessary changes in use. In other words, the hospital is completely free to appropriate the space as needed and as necessary for future medical developments. This Mediterranean monospace with its chequerboard layout recreates dialogue with the district within which it is the main public building, takes care to fully respect its immediate environment and provides a focal point for urban activities on a human scale.

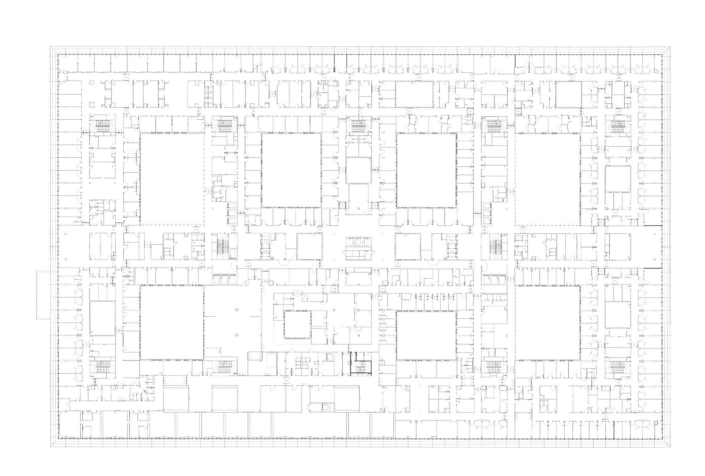

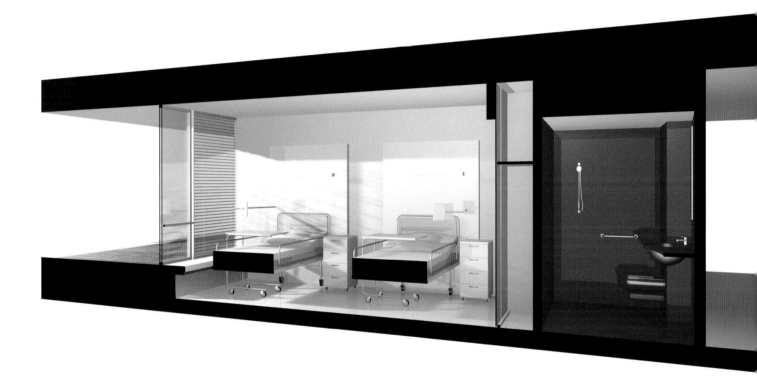

PARIGI XII_{arr.} - CENTRO DI RISORSE DOCUMENTARIE MULTIMEDIALI / 1998-2002
PARIS 7th - MULTIMEDIA DOCUMENTARY RESOURCES CENTRE

Il Centro di Risorse Documentarie Multimediali occupa un antico padiglione della Sicurezza sociale, gioiello Art Déco collocato al centro di un edificio destinato al Ministero del Lavoro (1907) e concepito dall'architetto Guillaume Tronchet come un'autentica prodezza tecnica (ossatura in acciaio, calcestruzzo cellulare e mattoni rinforzati). Realizzato in un secondo tempo, nel 1929, il grande padiglione della biglietteria è uno spazio sontuoso coperto da una vetrata, del cui arredamento sono stati incaricati i più grandi artigiani dell'epoca. Questa struttura di 83.300 m² è di grande interesse patrimoniale. L'estensione e la ristrutturazione del Centro documentario su tre livelli è un progetto ambizioso: deve conservare – rivivificandola – un'architettura esistente di grande qualità, ma che, in quanto situata nel cuore dell'isolato, presenta un forte deficit di luminosità e un aspetto "introiettato". Per rendere la struttura accogliente e pienamente operativa, è necessario organizzare i corridoi di circolazione e recuperare la luce, che diverrà elemento strutturale. Il visitatore viene guidato dall'ingresso principale ridefinito, sull'avenue Duquesne, verso la rotonda creata al primo piano per gestire i flussi di persone e documenti. Un'anticamera si apre quindi su uno spazio la cui struttura ad arco sostiene un'immensa vetrata che permette di vedere, dal basso, l'antica disposizione dei mattoni. Il suo livello si ricollega a quello degli archivi nel sottosuolo. Lungo tutto il margine del blocco centrale, un corridoio serve gli uffici e i servizi. In questo modo, il pubblico e il personale accedono per tappe intermedie alla biblioteca, autentico "gabinetto di lettura" per eruditi dei nostri giorni, con le pareti tappezzate di libri, la possibilità i consultare i documenti tramite sistemi audiovisivi. La ristrutturazione di questo edificio demaniale rivisita le raffinatezze dell'epoca in cui fu realizzato e si ispira alle vetrate *en grisaille* di Grüber, che determinano l'atmosfera di tutto il complesso. Tende mobili assicurano la protezione dai raggi solari e preservano l'intimità di un luogo divenuto un'autentica vetrina, ormai contemporanea, per il Ministero.

The Multimedia Documentary Resources Centre occupies what had formerly been the Social Security hall, a jewel of Art Deco design hidden away in a building occupied by the Ministry of Employment (1907) and designed by the architect Guillaume Tronchet as a feat of technical prowess (steel framework, cellular concrete and reinforced brick). Built some time later, in 1929, the immense counters hall is a sumptuous space lying under a glazed roof whose decoration was placed in the hands of the greatest craftsmen of the time. It is clear that this 83,300 m² complex is of great heritage value. The extension and rehabilitation of the documentary service over three levels was an ambitious project: it needed to conserve and revitalise an existing architecture of great quality that, because of its location in the centre of the block, particularly lacked natural lighting and felt "introverted". To make it welcoming and assure its high performance, it was necessary to organise the circulation zones and find a way of introducing the light that would become its structuring element. The visitor is guided from the redefined main entrance on Avenue Duquesne towards the rotunda created on the first floor to manage the flow of persons and documents. An antechamber then opens onto a space with an arched structure supporting an immense glazed roof seated on a bonded brick base. The lower level joins up with the basement archives. Surrounding the central opening, a deck gives access to the various offices and services. These intermediate stages lead the public and personnel through to the library, a reading room for contemporary scholars, with book-lined walls and documentary consultation via audiovisual systems. The rehabilitation of this historic buildings pays homage to the refinements of the period and was inspired by the monochrome grisaille of the stained glass designed by Grüber which dictates the overall tonal atmosphere. Mobile shutters provide solar protection and preserve the intimacy of a setting that has now become contemporary showcase for the ministry.

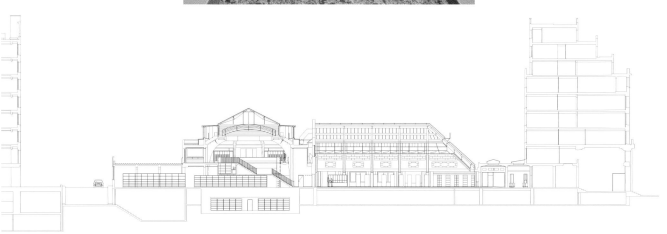

MONTPELLIER - LABORATORI - ISTITUTO REGIONALE DI BIOTERAPIA / 2002-2008
LABORATORIES - REGIONAL INSTITUTE OF BIOTHERAPY

L'ospedale Saint-Eloi, connotato da un'architettura classica risalente all'inizio del Novecento, si caratterizza per la posizione centrale dei suoi padiglioni, circondati da un percorso circolare sul quale sono distribuiti diversi edifici, all'interno di cornici vegetali protette. Il progetto di ristrutturazione si inserisce volontariamente nella continuità architettonica del complesso e prevede la creazione di due edifici (pianterreno +1) dalle facciate rispondenti ai medesimi canoni classici, i servizi medici ematologico e oncologico e la farmacia centrale all'interno del percorso circolare e, all'esterno, l'istituto regionale di bioterapia e l'area di sosta. Per dare un'identità a questa complessa struttura e all'attività bioterapeutica, si è deciso di collegare l'insieme tramite un punto di riferimento forte, creando una piazza in forma di terrazza, in stile mediterraneo, spazio aereo e luogo di attesa intorno all'attuale cappella. Così, inserendosi direttamente nell'asse, l'entrata dell'ospedale non risulta modificata, ma acquista una connotazione più nobile ed efficace. In una delle parti basse della cappella, l'edificio della farmacia centrale viene a chiudere il perimetro della piazza. L'istituto di bioterapia si sviluppa su due livelli e si organizza secondo un principio di indipendenza di tre sottoinsiemi (laboratori) vicini a una piattaforma comune. L'edificio, razionale, agile e modulare, è costituito da sei segmenti paralleli le cui facciate si aprono sui giardini interni. I centri dei servizi medico-tecnici, distribuiti su due livelli, sono collegati da passerelle vetrate che, col loro carattere neutro, garantiscono una grande agilità progettuale ed evolutiva. L'armonia e l'unità del progetto sono confermate dall'utilizzo, per le facciate, di calcestruzzo a tinta chiara, che ricorda la pietra presente sul sito, e dal ritmo regolare delle finestre.

Saint-Eloi hospital, marked by a classical early 20th century architecture is characterised by the central positioning of its pavilions contained within a ring road giving access to the various hospital buildings located within protected planted enclaves. The restructuring project remains in keeping with the architectural form and the pavilion layout of the overall complex: creation of two two-storey buildings with the same classical elevation arrangement containing the haematology and medical oncology services and the central dispensary inside the ring road and, to the outside of this road, the regional biotherapy institute and car park. To provide this grouping of buildings and the biotherapy activity with an identity, it was decided to link all these elements together through a strong landmark in the form of a raised Mediterranean-type terrace around the existing chapel, a setting for relaxation and meeting people. Positioned directly on this axis, the hospital entrance remains unchanged but acquires a more elegant and efficient status. The central dispensary building, positioned parallel to the chapel, closes off one side of the terrace perimeter. The two level institute of biotherapy is organised in a way that assures the independence of three sub-assemblies (laboratories) around a shared platform. This rational, flexible and modular building takes the form of six parallel bars whose elevations open onto interior gardens. The two level technical support centres are linked by glazed walkways. These neutral spaces provide a high level of layout flexibility and potential for adaptation. The harmony and unity of the project are reinforced by the use of pale coloured concrete for the elevations, reminiscent of the stone finishes already present on the site, as well as by the regular rhythm of the windows.

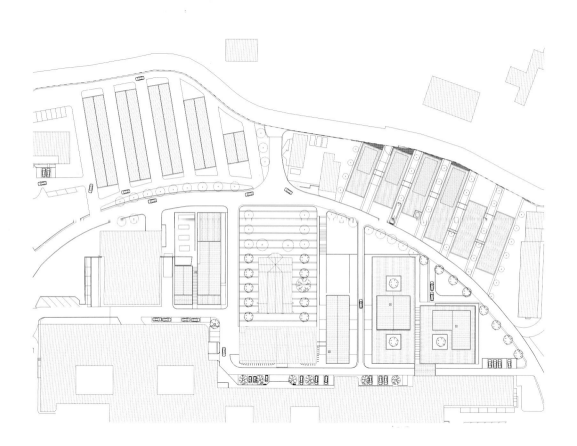

LAGNY - MARNE-LA-VALLÉE - NUOVO OSPEDALE DI LAGNY-MARNE-LA-VALLÉE / 2005-2010
NEW LAGNY - MARNE-LA-VALLÉE HOSPITAL

Il futuro ospedale di Lagny - Marne-la-Vallée, che dal biennio 2010-2011 sostituirà l'antico ospedale di Lagny, è in qualche modo l'opposto del suo grande vicino, Eurodisney. L'edificio dalle forme "depurate" si stacca dal suolo grazie a un livello basso, vetrato alle estremità. Una superficie esterna in calcestruzzo di un bianco lattiginoso si alterna con uno strato di vetro serigrafato che dà all'insieme un tocco immateriale e onirico. Questo velo opacizza sottilmente la ripetitività delle aperture, permettendo di vedere l'esterno. La forza e la tenuta della struttura creano il sito e il suo effetto sorprendente: una rottura col tracciato urbano e l'area circostante, un gioco di pieni e di vuoti disposti a scacchiera. La sua orizzontalità, criterio di flessibilità, si distende dolcemente su una debole pendenza, in un contesto vegetale d'eccezione in cui i "pieni" verdeggianti sono riempiti da grandi alberi. L'accesso all'ospedale si realizza sotto una volta alberata che conduce a un ingresso a sud, sul lato della RER, che ha suggerito l'installazione dell'ospedale. Lo spazio globale della struttura si afferma senza soluzione di continuità, omogeneo, e i "lotti" non sono stati definiti in modo conclusivo, per potersi adattare rapidamente a ogni forma di evoluzione e di combinazione. I progressi e i risultati raggiunti dalla medicina ispirano altre opere, altre pianificazioni; i futuri ampliamenti esigono un'inesauribile dolcezza nell'architettura esterna e interna. Esteso su tre livelli, il progetto propone spazi il più neutri possibile, articolati attorno a numerosi cortili e pozzi di luce; è "vascolarizzato" da una "grigliatura" alberata composta da sei arterie, due orizzontali e quattro trasversali, le cui funzioni e applicazioni si incrociano. Lagny - Marne-la-Vallée è un ospedale di primo livello, dall'accoglienza alla logistica: i legami funzionali e il trasporto sotterraneo sono assicurati da un sistema automatico di "tartarughe" filoguidate. L'ospedale si fregia di uno spirito umanista e sensibile, per distrarre l'attenzione del malato: in avvenire, gli spazi interni ed esterni potranno essere animati con proiezioni video di carattere onirico o culturali, con cicli tematici e, nei cortili, con giochi di luce in omaggio al figlio prediletto del luogo, il fotografo Henri Cartier-Bresson.

The future Lagny - Marne-la-Vallée hospital, destined to replace the existing Lagny hospital in 2010-2011, is in a sense the opposite of its Eurodisneyland neighbour. The building's refined forms seem to float over a glass-wrapped ground floor level. Its milky white concrete skin alternates with screenprinted glazing to create a certain immateriality and dreamlike quality. This intimist veil subtly opacifies the repetitive openings while allowing those inside to see out. The force and restrained presence of the facility give sense to the site, creating a checkerboard of solids and voids that break away from the form taken by the surrounding urban fabric. The building's low level horizontality, a fundamental criteria for providing flexibility, stretches out through an exceptional green environment whose spaces are planted with tall trees. Access to the hospital is along a tree-lined walkway leading from the high speed suburban metro station to an entrance on the south side of the building. This public transport terminal guided the siting of the hospital. The hospital's overall space is continuous and uniform. The various areas it contains do not have any specific attribution and can be rapidly adapted to any potential changes and combinations. Medical progress and developments will inevitably require adaptations to new uses and, consequently, any future extensions will require an internal and external architecture that incorporates an almost unlimited level of flexibility. The three level hospital will provide spaces that are as neutral as possible, developed around a large number of patios and light wells. The building is provided with a vascular communications layout that uses a tree-structure grid formed from six arteries - two horizontal and four transversal - that intersect the hospital's main functions and applications. Lagny - Marne-la-Vallée will be a leading edge hospital from its reception area through to its logistics: with functional links on basement level provided by an automatic cable guided transport system. The hospital takes a sensitive and humanist approach to distract patients from their health problems: in the future, interior and exterior spaces could incorporate cultural or relaxing video installations projecting themed cycles and, in the patios, light shows paying homage to a son of the soil, the photographer Henri Cartier-Bresson.

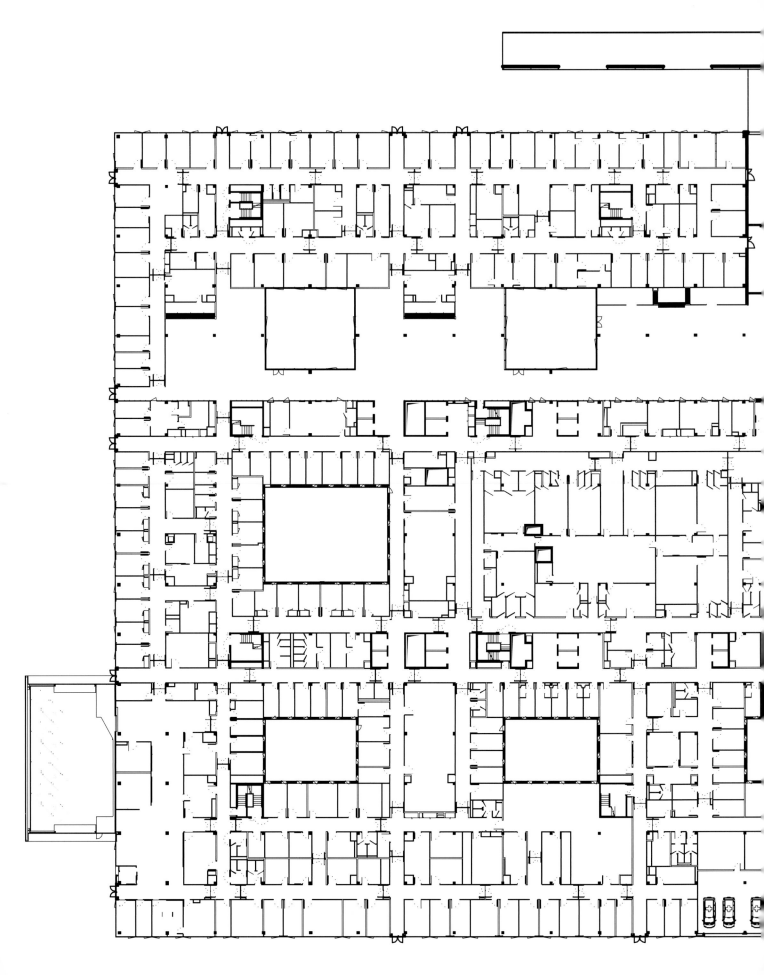

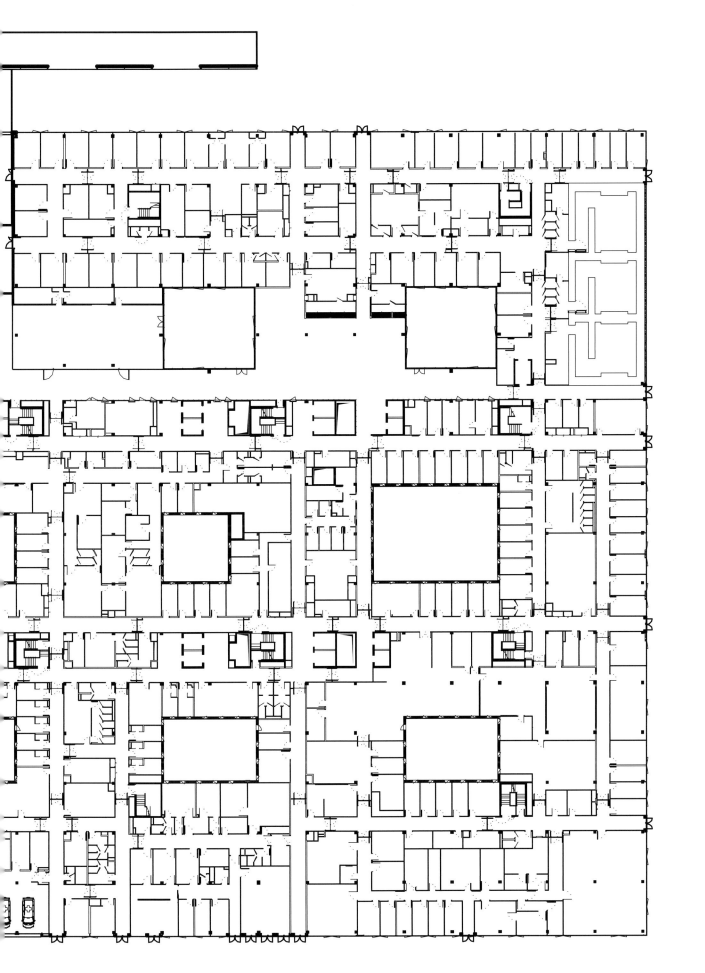

PROGETTI / PROJECTS 1995 / 2007

1995

PALAVAS-LES-FLOTS
ISTITUTO SAINT-PIERRE - CENTRO
DI RIEDUCAZIONE FUNZIONALE
PER BAMBINI / FUNCTIONAL
REHABILITATION CENTRE FOR
CHILDREN
Ubicazione / Location: avenue de
l'Evêché-de-Maguelone.
Committente / Client:
OMEM - Œuvre montpelliéraine des
enfants à la mer.
Assistente del committente /
Client assistant: Icade-G3A
Programma / Programme:
Riabilitazione e costruzione di
un nuovo edificio comprensivo
di 155 letti, centro di servizi
medico-tecnici, strutture ricettive,
balneoterapia, rieducazione,
audiofonologia, radiologia, pista per
la rieducazione alla deambulazione,
cucina, ristorazione, 10 aule /
restructuring and construction
of a new building comprising 155
beds, technical support centre,
accommodation, balneotherapy,
rehabilitation, audiophonology,
radiology, walking track, kitchen,
dining facilities, 10 classrooms.

1998

LE HAVRE
CONSERVATORIO
ARTHUR HONEGGER, SCUOLA
NAZIONALE DI MUSICA, DANZA
E ARTE DRAMMATICA
ARTHUR-HONEGGER
CONSERVATORY, NATIONAL
SCHOOL OF MUSIC, DANCE AND
PERFORMING ARTS
Ubicazione / Location: boulevard
de la République.
Committente / Client:
Ville du Havre.
Superficie coperta netta /
Net plan area: 8 600 m²
Importo dei lavori: 10 M€
Cost of works: €10 M excl. VAT
Calendario / Programme:
gara d'appalto / architectural
competition: 1998; consegna /
delivery: 2002.
Progetto e direzione dei lavori /
Project manager:
Brunet Saunier Architecture.

PARIGI VIIarr. / PARIS 7th
CRDM - CENTRO DI RISORSE
DOCUMENTARIE MULTIMEDIALI /
MULTIMEDIA DOCUMENTARY
RESOURCES CENTRE
Ubicazione / Location: îlot Ségur-Fontenoy.
Committente / Client:
Ministère de l'Emploi et de la Solidarité.
Programma / Programme: risistemazione
dei locali / refurbishment of premises.
Superficie coperta netta /
Net plan area: 4 000 m²
Importo dei lavori: 6,10 M€
Cost of works: €6.10 M excl. VAT
Calendario / Programme: gara d'appalto /
architectural competition: 1998;
consegna / delivery: 2002.
Progetto e direzione dei lavori / Project
manager: Brunet Saunier Architecture.

TOURS
OSPEDALE PSICHIATRICO DI CLOCHEVILLE
- RISTRUTTURAZIONE E AMPLIAMENTO /
CLOCHEVILLE PAEDIATRIC HOSPITAL -
RESTRUCTURING AND EXTENSION
Ubicazione / Location: boulevard Béranger
nell'antico centro cittadino /
Boulevard Béranger in the old town centre.
Committente / Client: CHU de Tours.
Assistente del committente /
Client assistant: Icade-G3A, Tours.
Programma / Programme: 40 letti.
Reparti operatori, centro di servizi
medico-tecnici, sterilizzazione, urgenze,
farmacia, neurochirurgia,... / 40 beds.
Operating theatres, technical support
centre, sterilisation, casualty, pharmacy,
neurosurgery, etc.
Superficie coperta netta /
Net plan area: 12 000 m²
Importo dei lavori: 18,7 M€
Cost of works: €18.7 M excl. VAT
Calendario / Programme: gara d'appalto /
architectural competition: 1998;
consegna / delivery: 2005.
Progetto e direzione dei lavori / Project
manager: Brunet Saunier Architecture.

2000

VARSAVIA / WARSAW
GARA D'APPALTO PER LA
COSTRUZIONE DELL'AMBASCIATA
DI FRANCIA A VARSAVIA /
ARCHITECTURAL COMPETITION FOR
THE CONSTRUCTION OF THE FRENCH
EMBASSY IN WARSAW

Superficie coperta netta /
Net plan area: 13 000 m²
Importo dei lavori: 15,2 M€
Cost of works: €15.2 M excl.VAT
Calendario / Programme:
gara d'appalto / architectural
competition: 1995; consegna /
delivery: 1999.
Progetto e direzione dei lavori /
Project manager:
Brunet Saunier Architecture.
Direttori del progetto / project
leaders: Jean Michel Reynier
(concorso, studi / competition,
studies), Christophe Kuntz
(cantiere / site supervision);
architetti / team:
Jacques Levy-Bencheton,
Federico Masotto, Lionel Renouf.
Ufficio studi ed economo /
Consulting engineers and
surveyors: Jacobs Serete, Paris.
Paesaggista / Landscape designer:
Pena & Pena, Paris.
Segnaletica / Signage:
Sabine Rosant.
Imprese per i lavori in legno /
Timber contractors:
Pistre & Fils La Parqueterie.

Direttori del progetto / project
leaders: Jean Michel Reynier
(concorso / competition),
Jean François Bourdet (studi /
studies), Isabelle Vasseur
(cantiere / site supervision);
architetti / team:
Jacques Levy-Bencheton,
Lionel Renouf.
Ufficio studi sulla struttura /
Consulting engineers, structure:
Terrell International,
Boulogne-Billancourt.
Ufficio studi sui fluidi / Consulting
engineers, utilities: Bethac,
Fontenay-sous-Bois.
Economo / Surveyor:
Philippe Talbot & Associés,
Chaville.
Acustica / Acoustic specialist:
Cial, Versailles.
Scenografo / Scenographer:
Changement à Vue, Paris.
Imprese / Contractors: CBC
gros-œuvre, SAM + verrières,
Charpentier de Paris mobilier.
Grafico / Graphic designer:
Philippe Harden.

Direttori del progetto / Project leaders:
Jean Michel Reynier
(concorso / competition),
Christophe Kuntz (studi / studies),
Philippe Vasseur (cantiere / site
supervision) ; architetti / team:
Jacques Levy-Bencheton, Vincent Mégrot,
Camille Nourrit, Lionel Renouf.
Ufficio studi / Consulting engineers:
Sfica, Paris.
Ufficio studi sulle vetrate / Consulting
engineers, glassed roof: Alto.
Economo / Surveyor: AEI, Ivry-sur-Seine.
Grafico / Graphic designer:
Vincent Laffont.

Direttori del progetto / Project leaders:
Tahar Cheref, Vincent Marchand,
Jean Michel Reynier (concorso, studi /
competition, studies), Christophe Kuntz
(cantiere / site supervision);
architetti / team: Julie Doubeski,
Jacques Levy-Bencheton, Vincent Mégrot,
Camille Nourrit, Lionel Renouf,
Isabelle Vasseur.
Architetto operativo / Project architect:
Ivars & Ballet, Tours.
Ufficio studi / Consulting engineers:
Thales, Montrouge.
Ufficio studi di sintesi / Consulting
engineers, technical coordination:
P4X, Loches.
Economo / Surveyor: EIB, Tours.
Coordinamento Sistemi Sicurezza Incendi /
Fire safety system coordinator: Gaudriot.
Acustica / Acoustic specialist:
Delphi, Villiers-sur-Marne.
Ideatore della segnaletica / Signage
designer: Bernard Baissait.
Prospettivista / Architectural renderer:
Vincent Lafont.
Grafico / Graphic designer:
Grégoire Solotareff.
Bozzettista / Model maker: L. Salome.

Committente / Client:
Ministère des Affaires étrangères
Superficie coperta netta /
Net plan area: 7 500 m²
Importo dei lavori: 12,2 M€
Cost of works: €12.2 M excl. VAT
Progetto e direzione dei lavori /
Project manager:
Brunet Saunier Architecture.
Direttore del progetto / Project leader:
Jean-Michel Reynier.

TOURCOING
IPER-CENTRO / HYPERCENTRE
Ubicazione / Location:
places de la République et de l'église
Saint-Christophe.
Committente / Client: SNC Alta Tourcoing,
Parigi + Ville de Tourcoing + SEM Ville
Renouvelée, Tourcoing.
Programma / Programme:
centro commerciale, multisala, alloggi,
uffici, complesso formato da vari cinema
e da un parcheggio con 800 posti, nel
quadro della ristrutturazione del centro
cittadino / shopping centre, multiplex,
housing, offices, cinema complex and 800
parking spaces, within the framework of
restructuring the town centre.
Superficie coperta netta /
Net plan area: 35 000 m²
Importo dei lavori: 34 M€
Cost of works: €34 M excl. VAT
Calendario / Programme:
gara d'appalto /
architectural competition: 2001;
consegna / delivery: 2010
Progetto e direzione dei lavori / Project
manager: Brunet Saunier Architecture.

CHARENTON-LE-PONT
GARA D'APPALTO PER LA
COSTRUZIONE DI NUOVI UFFICI,
DI UN CENTRO-CONFERENZE,
UN ARCHIVIO E UN RISTORANTE /
ARCHITECTURAL COMPETITION FOR
THE CONSTRUCTION OF NEW OFFICES,
A CONFERENCE CENTRE, ARCHIVES
AND A RESTAURANT
Committente / Client:
Natexis - Banques Populaires.
Superficie coperta netta /
Net plan area: 50 000 m²
Importo dei lavori: 76 M€
Cost of works: €76 M excl. VAT
Progetto e direzione dei lavori / Project
manager: Brunet Saunier Architecture.
Direttore del progetto / Project leader:
Jean-Michel Reynier.

PARIGI VIarr. / PARIS 6th
GARA D'APPALTO PER LA
RISTRUTTURAZIONE E L'AMPLIAMENTO
DEL SITO DI ASSAS / ARCHITECTURAL
COMPETITION FOR THE
RESTRUCTURING AND EXTENSION
OF BUILDINGS ON THE ASSAS SITE.
Committente / Client: Ministère de
l'Education nationale - Université
Panthéon-Assas-Paris 2.
Superficie coperta netta /
Net plan area: 35 000 m²
Importo dei lavori: 19,1 M€
Cost of works: €19.1 M excl. VAT
Progetto e direzione dei lavori / Project
manager: Brunet Saunier Architecture.
Direttore del progetto / Project leader:
Philippe Lê.

MASSY
GARA D'APPALTO PER LA
COSTRUZIONE DI UFFICI /
ARCHITECTURAL COMPETITION FOR
THE CONSTRUCTION OF OFFICES

Committente / Client: AWON - EPIF
Superficie coperta netta /
Net plan area: 12 000 m²
Calendario / Programme:
gara d'appalto /
architectural competition: 2000.
Vincitore, ma progetto abbandonato /
Winner, project abandoned.
Progetto e direzione dei lavori / Project
manager: Brunet Saunier Architecture.
Direttore del progetto / Project leader:
Jean-Michel Reynier.

PARIGI XIarr. / PARIS 11th
ASILO NIDO DI SAINT-SABIN /
SAINT-SABIN DAY CARE CENTRE
FOR INFANTS
Ubicazione / Location:
rue Saint-Sabin, Paris 11e.
Committente / Client: Ville de Paris,
DASES - Direction de l'action sociale
de l'enfance et de la santé.
Assistente del committente / Client assistant:
Section local d'architecture
del 10e et 11e arrondissement.
Programma / Programme: 60 culle / 60 children.
Superficie coperta netta / Net plan area: 950 m²
Importo dei lavori: 2 M€HT
Cost of works: €2 M excl. VAT
Calendario / Programme:
gara d'appalto / architectural competition: 2000;
consegna / delivery: 2005.
Progetto e direzione dei lavori /
Project manager: Brunet Saunier Architecture.
Direttore del progetto / Project leader:
Isabelle Vasseur;
architetti / team:
Lionel Renouf, Jean-Michel Reynier.
Ufficio studi sui fluidi / Consulting engineers,
utilities: Bethac, Fontenay-sous-Bois.
Economo / Surveyor: PhD Ingenierie, Marseille.
Impresa / Contractor: IBSM, Villiers-sur-Marne.

Direttore del progetto / project leader:
Marc Chassin;
architetti / team: Yvan Bourgeois,
Anne Carcelen, Martin Fougeras,
Estelle Grosberg, Delphine Lottin,
Elena Martinez-Caraballo,
Stéfanie Matthys, Anissa Mérot,
Alix Papertian, Agnès Plumet,
Lionel Renouf, Maria Scicolone-Ingala,
Elodie Vadepied, Lydie Vega-Sanchez.
Ufficio studi sulla struttura / Consulting
engineers, structure:
Terrell International, Boulogne-Billancourt.
Ufficio studi sui fluidi / Consulting
engineers, utilities: Serted, Massy.
Ufficio studi sulle facciate / Consulting
engineers, elevations: Arcora, Arcueil.
Economo / Surveyor:
Economie 95, Argenteuil.
Acustica / Acoustic specialist: Delphi,
Villiers-sur-Marne.
Tecnico delle luci / Lighting engineer:
Eclairagistes Associés.
Prospettivisti + video / Architectural
renderers + video: Artefactory,
Frédéric Manen, Jérôme Preost.
Bozzettista / Model maker:
Alpha Volumes, Paris; Michel Goudin.

213

SAINT-PAUL (LA RÉUNION)
GARA D'APPALTO PER LA
RICOSTRUZIONE DELL'ISTITUTO
PUBBLICO DI SANITÀ MENTALE
DI RÉUNION - EPSMR SUL SITO
DEL "GRAND POURPIER" /
ARCHITECTURAL COMPETITION
FOR THE RECONSTRUCTION OF
THE PUBLIC MENTAL HEALTH
CENTRE IN RÉUNION - EPSMR -
ON THE GRAND POURPIER SITE.

SAINT-DENIS
IMMOBILE "ARC-ET-CIEL"
ARC-ET-CIEL BUILDING.
Ubicazione / Location:
boulevard Ornano.
Committente / Client:
Siemens - UBS Real Estate
Kapitalanlagegesellschaft mbH.
Programma / Programme:
edificio destinato ad uffici,
centro conferenze, ristorante /
office building,
conference centre, restaurant.
Superficie coperta netta /
Net plan area: 37 000 m²
Importo dei lavori: 60 M€
Cost of works: €95 M excl.VAT
Calendario / Programme:
commissione diretta /
direct commission: 2001;
consegna / delivery: 2006.
Progetto e direzione dei lavori /
Project manager:
Brunet Saunier Architecture.

CANNES
CENTRO OSPEDALIERO / HOSPITAL CENTRE
Ubicazione / Location: avenue des Broussailles.
Committente / Client:
Centre hospitalier de Cannes.
Assistente del committente / Client assistant:
Icade-G3A, Nice.
Programma / Programme:
530 letti, centro di servizi medico-tecnici
completo e laboratori, maternità, psichiatria,
urgenze, 22 sale operatorie. Costruzione del
nuovo ospedale all'interno di quello esistente,
demolizione e parziale ripristino + rete viaria
e di distribuzione e parcheggi / 530 beds,
complete technical support centre and
laboratories, maternity unit, psychiatric unit,
casualty unit, 22 operating theatres.
Construction of a new hospital within the
existing hospital, demolition and partial
rehabilitation + external works and car park.
Superficie coperta netta /
Net plan area: 60 000 m²
Importo dei lavori: 95 M€
Cost of works: €95 M excl. VAT
Calendario / Programme: gara d'appalto /
architectural competition: 2001;
consegna / delivery: 2009.
Progetto e direzione dei lavori / Project
manager: Brunet Saunier Architecture.
Direttori del progetto / Project leaders:
Marc Chassin, Vincent Marchand,
(concorso / competition),

DOUAI
CENTRO OSPEDALIERO /
HOSPITAL CENTRE
Ubicazione / Location: route de Cambrai
- sito di Déchy / Déchy site.
Committente / Client:
Centre hospitalier de Douai.
Assistente del committente /
Client assistant: DDE du Nord.
Programma / Programme:
500 letti di medicina, chirurgia e ostetricia,
centro di servizi medico-tecnici completo,
11 sale operatorie, 10 sale di radiologia,
settore maternità, emodialisi 24 posti,
chirurgia ossea, ecc. + 40.000 m² di
pianificazione di spazi esterni / 500 beds
for obstetric surgery, complete technical
support centre, 11 operating theatres,
10 radiotherapy rooms, infant sector,
24 hemodialysis stations, bone surgery, etc.
+ 40,000 m² outdoor layout.
Superficie coperta netta /
Net plan area: 65 000 m²
Importo dei lavori: 100 M€
Cost of works: €10 M excl. VAT
Calendario / Programme:
gara d'appalto /
architectural competition: 2001;
consegna / delivery: 2008.
Progetto e direzione dei lavori / Project
manager: Brunet Saunier Architecture.

GOLBEY
GARA D'APPALTO PER LA
COSTRUZIONE DEL CENTRO
OSPEDALIERO INTERCOMUNALE
DI GOLBEY / ARCHITECTURAL
COMPETITION FOR THE
CONSTRUCTION OF THE GOLBEY
INTERMUNICIPAL HOSPITAL CENTRE.

Committente / Client:
Etablissement public de santé
mentale de la Réunion.
Superficie coperta netta /
Net plan area: 14 000 m²
Importo dei lavori: 13,7 M€
Cost of works: €13.7 M excl. VAT
Programma / Programme:
160 letti Trasferimento dei Servizi
di Psichiatria / 160 beds - relocation of the
psychiatric services.
Progetto e direzione dei lavori /
Project manager:
Brunet Saunier Architecture.
Direttore del progetto / Project
leader: Jean-Michel Reynier.

Direttore del progetto / Project
leader: Astrid Beem; architetti /
team: Frédéric Alligorides,
Yvan Bourgeois, Florence Canal,
Samuel Delmas, Claudia Dieling,
Martin Fougeras,
Maxime Gasperini,
Jean-Michel Reynier,
Maria Scicolone-Ingala,
Derk Sichtermann,
Isabelle Vasseur,
Lydie Vega-Sanchez,
Anissa Ybert.
Ufficio studi sulla struttura /
Consulting engineers, structure:
Terrell International,
Boulogne-Billancourt.
Ufficio studi sui fluidi /
Consulting engineers, utilities:
Bethac, Fontenay-sous-Bois.
Sistema sicurezza incendi /
Consulting Fire Safety:
Vulcaneo.
Economo / Surveyor:
Paul Pieffet, Paris.
Acustica / Acoustic specialist:
Delphi, Villiers-sur-Marne.
Paesaggista /
Landscape designer:
Agence Laure Quoniam, Paris.
Prospettivisti / Architectural
renderers: Philippe Harden
e / and Artefactory, Paris.

Nicolas Constantin, Isabelle Redon,
Philippe Vasseur (studi / studies),
Philippe Vasseur (cantiere / site supervision);
architetti / team: Frédéric Alligorides,
Eric Bartolo, Eduardo Bonamin,
Arnaud Bruyelle, Marc Chassin, Julie Doubeski,
Ulisse Gnesda, David Hingamp, Margit Jahn,
Jacques Levy-Bencheton,
Jean Christophe Louis, Vincent Mégrot,
Anissa Mérot, Maria Moldoveanu, Erik Mootz,
Carin Nilsson-Demay, Maria-So De Noronha,
Camille Nourrit, Céline Perrin, Lionel Renouf,
Mounia Saïah, Marie-Hélène Torcq,
Isabelle Vasseur, Anissa Ybert.
Architetto operativo / Project architect:
Architectes Studio, Chalon-sur-Saône
Architetto incaricato dal CdA dell' ospedale /
Specialised hospital architect:
Gerold Zimmerli, Sceaux.
Ufficio studi sulla struttura / Consulting
engineers, structure:
Terrell, International, Boulogne-Billancourt.
Ufficio studi sui fluidi / Consulting engineers,
utilities: Sirr Ingenierie, Illkirch.
Economo / Surveyor:
Philippe Talbot & Associés, Chaville.
Acustica / Acoustic specialist:
Delphi, Villiers-sur-Marne.
Bozzettista / Model maker:
Alpha Volumes, Paris.
Grafici / Graphic designers: Artefactory, Paris,
Laurent Hochberg, Vincent Laffont,
Fred Manen, Thomas Sériès, Dario Tardio.

Direttori del progetto / Project leaders:
Olivier Contré (concorso / competition,
APS), Christian Chopin (studi e cantiere /
studies and site supervision);
architetti / team: Abdelhafid Bairi,
Astrid Beem, Catherine Bonnier,
Yvan Bourgeois, Arnaud Bruyelle,
Florence Canal, Fiona Copstick,
Julie Doubeski, Jürgen Fallert,
David Hingamp, M. Bartek Kozielewsky,
Jacques Levy-Bencheton,
Vincent Mégrot, Maria-So De Noronha,
Camille Nourrit, Ghislaine Picard, Lionel
Renouf, Lydie Vega-Sanchez,
Maria Scicolone-Ingala,
Magdalena Sroczynska, Angela Tandura.
Architetto operativo / Project architect:
Gerold Zimmerli, Sceaux.
Ufficio studi, economo /
Consulting engineers and surveyors:
Sirr Ingénierie, Illkirch.
Ufficio studi sulle facciate / Consulting
engineers, elevations: Ceef, Le Thillot.
Acustica / Acoustic specialist: Delphi,
Villiers-sur-Marne.
Alta Qualità Ambientale / HEQ: Tribu, Paris.
Grafici / Graphic designers:
Artefactory, Paris, Xavier Beddock,
Cendrine Bonami-Redler, Philippe Harden,
Fred Manen.

Committente / Client:
Centre hospitalier intercommunal
de Golbey + DDE des Vosges.
Superficie coperta netta /
Net plan area: 16 000 m²
Programma / Programme:
220 letti / 220 beds.
Progetto e direzione dei lavori / Project
manager: Brunet Saunier Architecture.
Direttore del progetto / Project leader:
Samuel Delmas.

NANCY
CENTRE LOUIS PIERQUIN - ISTITUTO
REGIONALE DI MEDICINA FISICA
E DI RIABILITAZIONE /
REGIONAL INSTITUTE OF PHYSIATRICS
AND REHABILITATION
Ubicazione / Location: boulevard Lobau.
Committente / Client:
Ugecam Nord-Est.
Programma / Programme:
115 letti di degenza + 120 posti
in day-hospital, centro di servizi
medico-tecnici di rieducazione con
strumenti di ripristino della circolazione
cardio-vascolare, balneoterapia
e rieducazione specializzata / 115 beds
+ 120 day hospital places, rehabilitation
technical support centre
with cardio-vascular reconditioning,
balneotherapy, specialised rehabilitation.
Superficie coperta netta /
Net plan area: 22 000 m²
Importo dei lavori: 29 M€
Cost of works: €29 M excl. VAT
Calendario / Programme:
gara d'appalto /
architectural competition: 2001;
consegna / delivery: 2006.
Progetto e direzione dei lavori / Project
manager: Brunet Saunier Architecture.

CHINON
OSPEDALE FRANÇOIS RABELAIS,
RISTRUTTURAZIONE DEL SITO /
FRANÇOIS RABELAIS HOSPITAL,
SITE RESTRUCTURING
Ubicazione / Location: route de Tours -
Saint-Benoît-la-Forêt.
Committente / Client:
Centre hospitalier du chinonais, Chinon.
Assistente del committente / Client assistant:
Icade-G3A, Tours.
Programma / Programme: 211 letti;
6 edifici nuovi e 6 ristrutturati / 211 beds;
6 new buildings and 6 restructured buildings.
Superficie coperta netta / Net plan area: 18 000 m²
Importo dei lavori: 33,4 M€
Cost of works: €33.4 M excl. VAT
Calendario / Programme:
gara d'appalto / architectural competition: 2001;
consegna / delivery: 2008.
Progetto e direzione dei lavori / Project manager:
Architetto mandatario / Nominated architect:
Ivars & Ballet, Tours.
Architetto operativo / Associate architect:
Brunet Saunier Architecture.
Direttori del progetto / Project leaders:
Olivier Contré (concours / competition),
Christophe Kuntz (studi / studies),
Monika Mittermayer (cantiere / site supervision) ;

2002

SAINT-PIERRE-ET-MIQUELON
GARA D'APPALTO PER LA COSTRUZIONE
DI UN CENTRO OSPEDALIERO
A SAINT-PIERRE-ET-MIQUELON /
ARCHITECTURAL COMPETITION FOR THE
CONSTRUCTION OF A HOSPITAL CENTRE
IN SAINT-PIERRE-ET-MIQUELON

TOLONE / TOULON
CENTRO OSPEDALIERO / HOSPITAL CENTRE
Ubicazione / Location: site du quartier
Sainte-Musse - avenue Sainte-Claire Deville.
Committente / Client: Centre hospitalier
intercommunal de Toulon-La Seyne/Mer.
Assistente del committente / Client assistant:
Direction départementale de l'Equipement du Var.
Programma / Programme: 850 letti / 850 beds.
Superficie coperta netta / Net plan area: 85 000 m²
Montant des travaux : 166 M€HT
Cost of works: €166 M excl. VAT
Calendario / Programme:
gara d'appalto / architectural competition: 2002;
consegna / delivery: 2010.
Progetto e direzione dei lavori / Project manager:
Brunet Saunier Architecture.
Direttore del progetto / Project leader:
Olivier Contré;
architetti / team: Frédéric Alligorides,
Charles Bazzaz, Abdelhafid Bairi,
Yvan Bourgeois, Arnaud Bruyelle,
Philippe Carol, Fiona Copstick,
Stéphane Cachat, Mauve Esteoule-Sibilli,
Jürgen Fallert, François Gallet,
Estelle Grosberg, Margaret Iragui-Lejeune,
Guillaume Jullian, M. Bartek Kozielewsky,
Cyrille Lambin, Philippe Ledoux,
Jérôme Levifve, Stéfanie Matthys,

Direttore del progetto / Project leader:
Marc Chassin;
architetti / team:
Eric Bartolo, Astrid Beem,
Catherine Bonnier, Yvan Bourgeois,
Stéphane Cachat, Samuel Delmas,
Tugay Dindar, Ludovic Forest,
Jacques Levy-Bencheton, Anissa Mérot,
Lionel Renouf, Isabelle Vasseur.
Architetto operativo / Project architect:
Atelier du Parc, Nancy.
Ufficio studi ed Economo / Consulting
engineers and surveyors:
Sirr Ingénierie, Illkirch.
Acustica / Acoustics specialist:
Delphi, Villiers-sur-Marne.
Ideatore della segnaletica / Signage
designer: L-Design, Paris - Pipo Lionni
e / and Arik Levy.
Grafici / Graphic designers: Artefactory,
Paris, Laurent Hochberg,
Julien Lomessy, Fred Manen,
Thomas Sériès.

architetti / team:
Eric Bartolo, Yvan Bourgeois, Arnaud Bruyelle,
Maryline Gillois, Ulisse Gnesda, Rony Levy-Brem,
Nicola Marchi, Derk Sichtermann, Isabelle Vasseur.
Architetto incaricato dal CdA dell'ospedale /
Specialised hospital architect:
Gerold Zimmerli, Sceaux.
Ufficio studi sulla struttura / Consulting engineers,
structure: Pingat-Becet, Saint-Avertin.
Ufficio studi sui fluidi / Consulting engineers, utilities:
LBE Fluides, Ballan-Miré.
Ufficio studi sull'elettricità /
Consulting engineers, electricity:
I.D.F. - Ingénierie des Fluides, Luynes.
Arredamento cucine / Kitchen specialist:
Concept Art, Couëron.
Ufficio studi di sintesi / Consulting engineers,
technical coordination: P4X, Loches.
Economo / Surveyor: EIB, Tours + Cabinet MIT,
Dangé-Saint-Romain.
Coordinatore Sistemi Sicurezza Incendi / Fire safety
system coordinator: Vulcaneo, Courbevoie.
Rete viaria e di distribuzione e parcheggi /
External works: ISTPB, Tours.
Ideatore della segnaletica / Signage designer:
compagnie Bernard Baissait, Paris.

Committente / Client:
centre hospitalier François-Dunan
de Saint-Pierre-et-Miquelon + DDE
Superficie coperta netta / Net plan area: 10 450 m²
Importo dei lavori: 12,8 M€
Cost of works: €12.8 M excl. VAT
Programma / Programme: 120 letti / 120 beds.
Progetto e direzione dei lavori / Project manager:
Brunet Saunier Architecture.
Direttore del progetto / Project leader:
M. Bartek Kozielewski.

Monica Mittermayer, Franck Murat,
Carin Nilsson-Demay, Laurent Noël,
Camille Nourrit, Phuong Pham Hoang,
Isabelle Redon, Julie Rosier,
Michel Roux-Dorlut, Mounia Saïah,
Maria Scicolone-Ingala, Nicolas Senly,
Isabelle Vasseur, Lydie Vega-Sanchez.
Architetto operativo / Associate architect:
UA - Unité d'architecture, La Valette.
Architetto incaricato dal CdA dell'ospedale /
Specialised hospital architect:
Gerold Zimmerli, Sceaux.
Ufficio studi, economo / Consulting engineers
and surveyors: Sirr Ingénierie, Lyon.
Ufficio studi sulle facciate / Consulting engineers,
elevations: Ceef, Le Thilllot.
Acustica / Acoustic specialist:
Delphi, Villiers-sur-Marne.
Paesaggista / Landscape designer:
Pena & Pena, Paris.
Prospettiviste / Architectural renderers:
Philippe Harden, Paris + Artefactory, Paris.
Bozzettista / Model maker: Alpha Volumes, Paris.

LIMOGES
SEDE DEL DIPARTIMENTO DELLA HAUTE-VIENNE
Committente / Client:
Conseil général de la Haute-Vienne, Limoges.
Programma / Programme: raggruppamento
dell'insieme dei servizi in un unico impianto,
nell'ambito della ristrutturazione-ampliamento
della "Caserne de la Visitation", rue Montmailler/
rue François-Chénieux + 150 posti di parcheggio
interrati / grouping together of all services on a
single site, as part of the restructuring-extension
of the Caserne de la Visitation,
Rue Montmailler/Rue François-Chénieux
+ 150 underground parking spaces.

MONTPELLIER
OSPEDALE LA COLOMBIÈRE -
RICOSTRUZIONE DEL REPARTO DI PSICHIATRIA /
LA COLOMBIÈRE HOSPITAL -
RECONSTRUCTION OF THE PSYCHIATRIC UNIT.
Ubicazione / Location: Site de La Colombière,
avenue Charles-Flahault.
Committente / Client:
Centre hospitalier universitaire de Montpellier.
Programma / Programme: 220 letti / 220 beds.
Superficie coperta netta / Net plan area: 20 000 m²
Importo dei lavori: 32 M€
Cost of works: €32 M excl. VAT
Calendario / Programme:
gara d'appalto / architectural competition: 2002;
consegna / delivery: 2009.
Progetto e direzione dei lavori / Project manager:
Brunet Saunier Architecture.

MONTPELLIER
OSPEDALE SAINT-ELOI / SAINT-ELOI HOSPITAL
Ubicazione / Location: avenue Augustin-Fliche.
Committente / Client: Centre hospitalier
universitaire de Montpellier.
Programma / Programme: ristrutturazione
e ampliamento dell'Istituto Regionale
di Bioterapia + servizio di ematologia e oncologia
medica / restructuring and extension of the
regional biotherapy institute + haematology and
medical oncology department.
Superficie coperta netta / Net plan area: 7 600 m²
Importo dei lavori: 17 M€
Cost of works: €17 M excl. VAT
Calendario / Programme:
gara d'appalto / architectural competition: 2002;
consegna / delivery: 2008.

PARIGI VIarr. / PARIS 6th
GARA D'APPALTO PER LA RISTRUTTURAZIONE
DEL SETTORE OVEST
(18 RESIDENZE UNIVERSITARIE) /
ARCHITECTURAL COMPETITION
FOR THE REHABILITATION
OF THE WEST SECTOR (18 UNIVERSITY HOUSES).

Superficie coperta netta /
Net plan area: 10 500 m²
Importo dei lavori: 20 M€
Cost of works: €20 M excl. VAT
Calendario / Programme:
gara d'appalto / architectural competition: 2002;
consegna / delivery: 2009.
Progetto e direzione dei lavori / Project manager:
Brunet Saunier Architecture.
Architetto operativo / Associate architect:
B/R/S Architectes et Ingénieurs, Paris.
Ufficio studi sulla struttura /
Consulting engineers, structure: AR&C, Paris.
Ufficio studi sui fluidi /
Consulting engineers, utilities: Inex, Paris.
Ufficio studi sull'elettricità / Consulting engineers,
electricity: SLH Ingénierie, Gentilly.
Economo / Surveyor: AEI, Ivry-sur-Seine.
Programmazione, controllo, coordinamento /
Programming, planning and coordination:
Cicad Consultants, Montreuil-sous-Bois.
Acustica / Acoustic specialist:
Peutz & Associés, Paris.
Paesaggista / Landscape designer:
Comptoir des Projets, Montrouge.

Direttori del progetto / Project leaders:
Samuel Delmas (concorso / competition),
Christophe Kuntz / Guillaume Jullian
(studi / studies),
Guillaume Jullian (cantiere / site supervision);
architetti / team: Maryline Gillois, Jérôme Levifve,
Monica Mittermayer, Maria Moldoveanu,
Xavier Perret, Mounia Saïah, Derk Sichtermann,
Isabelle Vasseur.
Ufficio studi, economo / Consulting engineers and
surveyors: Sirr Ingénierie.
Ufficio studi di sintesi / Consulting engineers,
technical coordination: Tkdes, Bischheim.
Acustica / Acoustic specialist:
Delphi, Villiers-sur-Marne.
Prospettivista / Architectural renderer:
Artefactory, Paris.
Bozzettista / Model maker: Alpha Volumes, Paris.

Progetto e direzione dei lavori / Project manager:
Brunet Saunier Architecture.
Direttori del progetto / Project leaders:
Marc Chassin (concorso / competition),
Guillaume Jullian (studi e cantiere / studies and
site supervision); architetti / team: Astrid Beem,
Yvan Bourgeois, Samuel Delmas,
Maryline Gillois, David Hingamp,
Christophe Kuntz, Jérôme Levifve,
Lindsay-Ann Martin, Monica Mittermayer,
Maria Moldoveanu, Xavier Perret, Mounia Saïah,
Derk Sichtermann, Isabelle Vasseur.
Architetto incaricato dal CdA dell'ospedale /
Specialised hospital architect:
Gerold Zimmerli, Sceaux.
Ufficio studi, economo / Consulting engineers
and surveyors: Sirr Ingénierie, Illkirch.
Acustica / Acoustic specialist:
Delphi, Villiers-sur-Marne.
Prospettivista / Architectural renderer:
Frédéric Manen e / and Arte Factory, Paris.
Bozzettista / Model maker: Alpha Volume, Paris.

Committente / Client: EPA Jussieu.
Superficie coperta netta /
Net plan area: 110 000 m²
Importo dei lavori: 95 M€
Cost of works: €95 M excl. VAT
Progetto e direzione dei lavori / Project manager:
Brunet Saunier Architecture.
Direttori del progetto / Project leaders:
Marc Chassin, Stéphane Cachat.

RENNES
GARA D'APPALTO PER LA COSTRUZIONE DELLA
SEDE DEL DIPARTIMENTO DI ILLE-ET-VILAINE /
ARCHITECTURAL COMPETITION FOR THE
CONSTRUCTION OF THE ILLE-ET-VILAINE HÔTEL
DU DÉPARTEMENT.

Committente / Client:
Département d'Ille-et-Vilaine (Mandatario: H4
Valorisation / Representative: H4 Valorisation)
Superficie coperta netta / Net plan area:
10 000 m² nuovi + 5 500 m² ristrutturati /
10 000 m² new + 5 500 m² restructuring.
Calendario / Programme: gara d'appalto /
architectural competition: 2002.
Vincitore, ma progetto abbandonato /
Winner, project abandoned.
Progetto e direzione dei lavori / Project manager:
Brunet Saunier Architecture.
Direttore del progetto / Project leader:
Stéphane Cachat.

2003

SAINT-NAZAIRE
GARA D'APPALTO PER LA COSTRUZIONE
DI UNA CASA DEL POPOLO CON
UN CENTRO COMMERCIALE, UFFICI
E ALLOGGI / ARCHITECTURAL
COMPETITION FOR THE CONSTRUCTION
OF A COMMUNITY CENTRE WITH
A SHOPPING CENTRE, OFFICES
AND HOUSING
Committente / Client:
Spie Batignolles / ING Real Estate.
Superficie coperta netta /
Net plan area: 20 000 m²
Progetto e direzione dei lavori / Project
manager: Brunet Saunier Architecture.
Direttore del progetto / Project leader:
Pierre Chanh-Van Truong.

VALENCIENNES
GARA D'APPALTO PER LA
RICOSTRUZIONE E REALIZZAZIONE
DEL POLO MEDICO-CHIRURGICO
DELLA CLINICA UNIVERSITARIA DI
VALENCIENNES / ARCHITECTURAL
COMPETITION FOR THE
RECONSTRUCTION AND CONSTRUCTION
OF THE MEDICAL-SURGICAL CENTRE
IN THE VALENCIENNES UNIVERSITY
HOSPITAL

BOURGES
GARA D'APPALTO PER LA
COSTRUZIONE DI UNA SCUOLA
NAZIONALE DI MUSICA E DI DANZA /
ARCHITECTURAL COMPETITION FOR
THE CONSTRUCTION OF A NATIONAL
SCHOOL OF MUSIC AND DANCE

MANTES-LA-JOLIE
GARA D'APPALTO PER LA
COSTRUZIONE DI UNA SCUOLA
NAZIONALE DI MUSICA /
ARCHITECTURAL COMPETITION FOR
THE CONSTRUCTION OF A NATIONAL
SCHOOL OF MUSIC

NOUMÉA - NOUVELLE CALÉDONIE
GARA D'APPALTO PER LA
RISTRUTTURAZIONE GENERALE
DELL'OSPEDALE GASTON BOURRET
E LA COSTRUZIONE DI NUOVI
LOCALI DELL'ISTITUTO PASTEUR /
ARCHITECTURAL COMPETITION FOR
THE GENERAL RESTRUCTURING OF THE
GASTON BOURRET HOSPITAL AND
THE CONSTRUCTION OF NEW PREMISES
FOR THE PASTEUR INSTITUTE
Committente / Client:
Nouvelle-Calédonie Mandataire Secal
Superficie coperta netta /
Net plan area: 24 000 m²
Progetto e direzione dei lavori / Project
manager: Brunet Saunier Architecture.
Direttore del progetto / Project leader:
Jean-Pierre Kerdoncuff;
in associazione con / in association with:
Gerold Zimmerli.

Committente / Client:
Centre hospitalier de Valenciennes.
Programma / Programme:
1102 letti / 1,102 beds.
Superficie coperta netta /
Net plan area: 98 000 m²
Progetto e direzione dei lavori /
Project manager:
Brunet Saunier Architecture.
Direttore del progetto / Project leader:
Olivier Contré.

Committente / Client:
Mairie de Bourges.
Superficie coperta netta /
Net plan area: 5 600 m²
Importo dei lavori: 18 M€
Cost of works: €18 M excl. VAT
Progetto e direzione dei lavori /
Project manager:
Brunet Saunier Architecture.
Direttore del progetto /
Project leader:
Stéphane Cachat.

Committente / Client:
Communauté d'agglomération
de Mantes en Yvelines.
Superficie coperta netta /
Net plan area: 5 600 m²
Progetto e direzione dei lavori /
Project manager:
Brunet Saunier Architecture.
Direttore del progetto / Project leader:
Ludovic Forest.

CHALON-SUR-SAÔNE
CENTRO OSPEDALIERO WILLIAM MOREY /
WILLIAM MOREY HOSPITAL CENTRE
Ubicazione / Location:
Prés Devant, ZAC Thalie.
Committente / Client:
Centre hospitalier William Morey.
Assistente del committente /
Client assistant: Direction départementale
de l'Equipement de Saône-et-Loire, Mâcon.
Programma / Programme:
550 letti; 1 000 posti di parcheggio /
550 beds; 1,000 parking spaces.
Superficie coperta netta / Net plan area: 72 000 m²
Importo dei lavori: 145 M€
Cost of works: €145 M excl. VAT
Calendario / Programme
gara d'appalto / architectural competition: 2003;
consegna / delivery: 2010.
Progetto e direzione dei lavori /
Project manager: Brunet Saunier Architecture.
Direttori del progetto / Project leaders:
Olivier Contré (concorso / competition),
Mounia Saïah (studi / studies),
Florence Canal (cantiere / site supervision);
architetti / team: Charles Bazzaz, Yvan Bourgeois,
Stéphane Cachat, Mauve Esteoule-Sibilli,
François Gallet, Estelle Grosberg, Philippe Ledoux,
Stéfanie Matthys, Franck Murat, Laurent Noël,
Phuong Pham Hoang, Isabelle Redon,
Michel Roux-Dorlut, Nicolas Senly, Isabelle Vasseur.

GARDANNE
GARA D'APPALTO PER LA
COSTRUZIONE DI UN CENTRO
DI MICRO-ELETTRONICA
PROVENCE GEORGES CHARPAX /
ARCHITECTURAL COMPETITION
FOR THE CONSTRUCTION OF THE
PROVENCE GEORGES CHARPAX
MICRO-ELECTRONICS CENTRE

PRAGA
GARA D'APPALTO PER
LA COSTRUZIONE DELLA SEDE
SOCIALE DELLA BANCA CSOB /
PRAGUE
ARCHITECTURAL COMPETITION FOR
THE CONSTRUCTION OF THE CSOB
BANK HEAD OFFICE

CLICHY
GARA D'APPALTO PER LA COSTRUZIONE DI
UN CONSERVATORIO DI MUSICA, DANZA
E ARTE DRAMMATICA / ARCHITECTURAL
COMPETITION FOR THE CONSTRUCTION OF
A CONSERVATORY OF MUSIC, DANCE AND
PERFORMING ARTS

Committente / Client:
Ecole nationale supérieure des mines
de Saint-Etienne.
Superficie coperta netta /
Net plan area: 30 000 m²
Importo dei lavori: 35 M€
Cost of works: €35 M excl. VAT
Progetto e direzione dei lavori /
Project manager:
Brunet Saunier Architecture.
Direttore del progetto / Project leader:
Jean-Michel Reynier.

Committente / Client:
CSOB Ceskoslovenska obchodni banka
Superficie coperta netta /
Net plan area: 60 000 m²
Importo dei lavori: 55 M€
Cost of works: €55 M excl. VAT
Progetto e direzione dei lavori /
Project manager:
Brunet Saunier Architecture.
Direttore del progetto / Project leader:
Stéphane Cachat;
con / with: Vinci Construction France
e / and Cecopra, in associazione
con / with CIAL - Radim Kousal.

Architetto operativo / Project architect:
Architectes Studio, Chalon-sur-Saône.
Architetto incaricato dalla direzione dell'ospedale /
Hospital design architect: Gerold Zimmerli, Sceaux.
Ufficio studi / Consulting engineers:
Sirr Ingénierie, Strasbourg.
Ufficio studi di sintesi / Consulting engineers,
technical coordination: Tkdes, Bischheim.
Ufficio studi sulla struttura / Consulting engineers,
structure: Terrell International, Boulogne-Billancourt.
Ufficio studi sulle facciate / Consulting engineers,
elevations: Ceef, Le Thillot.
Produttore sistemi elettronici / Equipment supplier:
Beem Ingénierie de santé, Guyancourt.
Economo + programmazione, controllo,
coordinamento / Surveyor + programming,
planning and coordination:
Philippe Talbot & Associés, Chaville.
Acustica / Acoustic specialist:
Delphi, Villiers-sur-Marne.
Alta Qualità Ambientale / HEQ : Aere, Aix-les-Bains
+ Tribu, Paris.
Ideatore della segnaletica / Signage designer:
SEV Communication, Oullins.
Prospettivisti / Architectural renderers:
Philippe Harden, Jérôme Préost, Artefactory.
Bozzettista / Model maker: Alpha Volumes, Paris.

Committente / Client:
Commune de Clichy-la-Garenne.
Superficie coperta netta /
Net plan area: 5 000 m²
Importo dei lavori: 5,7 M€
Cost of works: €5.7 M excl. VAT
Progetto e direzione dei lavori /
Project manager: Brunet Saunier Architecture.
Direttore del progetto / Project leader:
Pierre Chanh-Van Truong.

2004

TOULOUSE E VALENCIENNES
GARA D'APPALTO PER
LA COSTRUZIONE DI ISTITUTI
PENITENZIARI PER MINORI /
ARCHITECTURAL COMPETITION FOR
THE CONSTRUCTION
OF PENITENTIARY ESTABLISHMENTS
FOR MINORS
Committente / Client:
Ministère de la Justice - procedura
P.P.P. (partenariato pubblico privato) /
P.P.P. procedure
(Public Private Partnership);
Impresa generale / Main constructor:
Vinci Construction France.
Superficie coperta netta /
Net plan area: 2 x 6000 m²
Importo dei lavori: 2 x 2 M€
Cost of works: 2 x €2 M excl. VAT
Progetto e direzione dei lavori /
Project manager:
Brunet Saunier Architecture.

PARIGI XII₍arr₎ / PARIS 12ᵗʰ
CHNO - CENTRO OSPEDALIERO
NAZIONALE DI OFTALMOLOGIA DI
QUINZE-VINGTS - ISTITUTO DI
RICERCA OCULISTICA CLINICA
E BIOMEDICA + UNITÀ
COMPLEMENTARE LOCATIVA +
RESIDENZA DI SERVIZIO - procédura
P.P.P. (partenariato publico privato) /
INSTITUTE OF CLINICAL AND
BIOMEDICAL VISION RESEARCH +
ADDITIONAL RENTAL UNIT + SERVICE
RESIDENCE - P.P.P. procedura (public
private partnership)
Ubicazione / Location: rue Moreau.
Committente / Client:
SNC Icade-G3A Promotion.
Programma / Programme: laboratori,
stabulario e unità complementare
locativa / laboratories, animal supply
facility and additional rental unit.
Superficie coperta netta /
Net plan area: 11 500 m²
Importo dei lavori: 21 M€
Cost of works: €21 M excl. VAT
Calendario / Programme:
gara d'appalto /
architectural competition: 2004;
consegna / delivery: 2008.
Progetto e direzione dei lavori /
Project manager:
Brunet Saunier Architecture.

NANCY
ISTITUTO DI FORMAZIONE IN
ERGOTERAPIA / ERGOTHERAPY
TRAINING INSTITUTE
Ubicazione / Location:
rue des Sables, Nancy.
Committente / Client:
Ecole de kinésithérapie et d'ergothérapie
de Nancy.
Superficie coperta netta /
Net plan area: 1 800 m²
Importo dei lavori: 2 M€
Cost of works: €2 M excl. VAT
Calendario / Programme:
incarico / direct commission: 2004;
consegna / delivery: 2006.
Progetto e direzione dei lavori /
Project manager:
Brunet Saunier Architecture.
Direttore del progetto / Project leader:
Marc Chassin;
architetti / team: Céline Hubert.
Architetto operativo / Associate
architect: Atelier du Parc, Nancy.

DOUAI
GARA D'APPALTO PER LA COSTRUZIONE
DI UN POLO LOGISTICO DELL'OSPEDALE DI
DOUAI / ARCHITECTURAL COMPETITION FOR
THE CONSTRUCTION OF A LOGISTICS CENTRE
FOR THE DOUAI HOSPITAL

Direttore del progetto / Project leader:
Stéphane Cachat.
Ufficio studi / Consulting engineers:
Thales, Montrouge.
Prospettivista / Architectural renderer:
Artefactory, Paris, Ramin Nahid.
Bozzettista / Model maker:
Alpha Volumes, Paris.

Direttori del progetto / Project
leaders: Christian Chopin (concorso /
competition), Stéphane Cachat
(cantiere / site supervision);
architetti / team: Frédéric Alligorides,
Abdelhafid Bairi, Franck Jaoui,
Jérôme Levifve, Xiadjing Lu,
Monica Mittermayer, Laurent Noël,
Maria-So De Noronha, Cyril Pressacco,
Michel Roux-Dorlut, Nicolas Senly,
Isabelle Vasseur.
Ufficio studi, economo / Consulting
engineers, surveyor: Icade Arcoba,
Fontenay-sous-Bois.
Ufficio studi sulle facciate / Consulting
engineers, elevations:
Van Santen & Associés, Lille.
Impresa / Contractor:
Rabot-Dutilleul Construction,
Wasquehal-Lille.
Manutenzione / Maintenance specialist:
Icade Eurogem, Aubervilliers.
Responsabile del complesso
residenziale / Residence manager:
Icade Eurostudiomes,
Paris-La Défense.
Paesaggista / Landscape designer:
Pena & Pena, Paris.
Prospettivista / Architectural renderer:
Artefactory, Paris.
Bozzettista / Model maker:
Alpha Volumes, Paris.

Ufficio studi / Consulting engineers:
Sirr Ingénierie, Illkirch.
Acustica / Acoustic specialist:
Delphi, Villiers-sur-Marne.
Prospettivista / Architectural renderer:
Fréderic Manen.

Committente / Client:
Centre hospitalier de Douai.
Superficie coperta netta / Net plan area: 10 000 m²
Progetto e direzione dei lavori / Project manager:
Brunet Saunier Architecture.
Direttore del progetto / Project leader:
Christian Chopin.

NANTES
CENTRO DI TERAPIA CONTINUATIVA E
RIABILITAZIONE PER BAMBINI
E ADOLESCENTI / FOLLOW-UP CARE AND
REHABILITATION CENTRE FOR CHILDREN
AND ADOLESCENTS
Ubicazione / Location: allée de la Civelière -
rue des Bourdonnières.
Committente / Client: FASSS: fédération
d'associations du secteur sanitaire et social,
Nantes + ESEAN: établissement sanitaire pour
enfants et adolescents de la région nantaise,
Nantes.
Assistente del committente / Client assistant:
Apor, Montreuil-sous-Bois.
Programma / Programme: 55 letti in camere
e 30 posti in day-hospital; centro di servizi
medico-tecnici con sale di kinesiterapia,
ergoterapia e balneoterapia, gabinetti medici
o locali destinati agli esami clinici e alle
terapie, segnaletica / 55 beds and 30 day care
hospital places; technical support centre with
kinesitherapy, ergotherapy and
balneotherapy premises, consultation,
examination and treatment premises, signage.

MONT-SAINT-AIGNAN
ESITPA - SCUOLA SUPERIORE PER
INGEGNERI E TECNICI AGRARI / ECOLE
SUPÉRIEURE D'INGÉNIEURS ET DE
TECHNICIENS POUR L'AGRICULTURE
Ubicazione / Location: Parc biosciences
de Normandie, rue Tronquet.
Committente / Client: Assemblée
permanente des chambres d'agriculture
(APCA), Paris - Icade G3A, Rouen.
Programma / Programme: costruzione della
scuola per ingegneri / construction of an
engineering school.

LE KREMLIN-BICÊTRE
GARA D'APPALTO PER LA COSTRUZIONE
DEL REPARTO MATERNITÀ
DELL'OSPEDALE DI BICÊTRE /
ARCHITECTURAL COMPETITION FOR
THE CONSTRUCTION OF THE MATERNITY
WARD IN THE BICÊTRE HOSPITAL

LE HAVRE
GARA D'APPALTO PER LA COSTRUZIONE
DI UN OSPEDALE PRIVATO DELL'ESTUARIO
(MPE) / ARCHITECTURAL COMPETITION
FOR THE CONSTRUCTION OF THE PRIVATE
ESTUAIRE HOSPITAL (MPE)

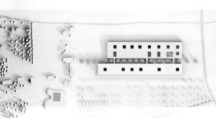

Committente / Client: AP-HP
- Assistance Publique - Hôpitaux de Paris.
Superficie coperta netta /
Net plan area: 20 000 m²
Importo dei lavori: 27,5 M€
Cost of works: €27.5 M excl. VAT
Progetto e direzione dei lavori /
Project manager:
Brunet Saunier Architecture.
Direttore del progetto / Project leader:
Olivier Contré.

Superficie coperta netta /
Net plan area: 7 000 m²
Importo dei lavori: 9,5 M€
Cost of works: €9.5 M excl. VAT
Calendario / Programme: incarico /
direct commission: 2004;
consegna / delivery: 2009.
Progetto e direzione dei lavori / Project
manager: Brunet Saunier Architecture.
Direttore del progetto / Project leader:
Astrid Beem;
architetti / team: Frédéric Alligorides,
Cédric Baelde, Franck Courari,
Marinne Leconte, Jérôme Levifve,
Isabelle Redon.
Ufficio studi sulla struttura / Consulting
engineers, structure: ECSB,
Chalonnes-sur-Loire, Cert Structure,
Beaucouzé.
Ufficio studi sui fluidi / Consulting engineers,
utilities: AB Ingénierie,
Saint-Barthélémy-d'Anjou.
Economo / Surveyor: Cabinet Gousset, Angers.
Acustica / Acoustic specialist:
DB Acoustic, Angers.
Prospettivista / Architectural renderer:
Artefactory, Vincent Laffont.
Bozzettista / Model maker:
Alpha Volumes, Paris.

Superficie coperta netta /
Net plan area: 9 500 m²
Importo dei lavori: 14 M€
Cost of works: €27.5 M excl. VAT
Calendario / Programme:
gara d'appalto /
architectural competition: 2004 ;
consegna / delivery: 2008.
Progetto e direzione dei lavori /
Project manager:
Brunet Saunier Architecture.
Architetto associato / Associate architect:
B/R/S Architectes et Ingénieurs, Paris.
Ufficio studi / Consulting engineers:
Sechaud & Bossuyt, Mont-Saint-Aignan.
Economo / Surveyor: Reber s.a.,
Mont-Saint-Aignan.
Acustica / Acoustic specialist:
Peutz & Associés, Paris.
Paesaggista / Landscape designer:
Projet Base, Paris.

Committente / Client:
ISMS Immobilière Santé Medico-Social.
Superficie coperta netta /
Net plan area: 23 000 m²
Progetto e direzione dei lavori / Project
manager: Brunet Saunier Architecture,
in associazione con / in association with
Gerold Zimmerli.

REIMS
POLO LOGISTICO DEL CENTRO
OSPEDALIERO UNIVERSITARIO DI REIMS /
LOGISTICS CENTRE FOR THE REIMS
UNIVERSITY HOSPITAL CENTRE
Committente / Client: CHU de Reims.
Sovrintendente ai lavori / Operational
control: Icade G3A.
Programma / Programme: costruzione
di un polo logistico comprensivo delle
attrezzature necessarie alla gestione della
fornitura dei suoi 2 400 letti, e del "circolo
del personale" (ristorante del personale) /
construction of a logistics centre including
the process equipment necessary to
equip its 2,400 beds, and the "cercle du
personnel" (staff restaurant).
Superficie coperta netta /
Net plan area: 21 000 m²
Importo dei lavori: 34 M€
Cost of works: €34 M excl. VAT
Calendario / Programme:
gara d'appalto /
architectural competition: 2004;
consegna / delivery: 2007.
Progetto e direzione dei lavori /
Project manager:
Brunet Saunier Architecture.

PARIGI XVIarr. / PARIS 16th
GARA D'APPALTO PER LA
COSTRUZIONE DELLA SEDE DELLA
"DELEGAZIONE PERMANENTE
DELLA REPUBBLICA DI COREA"
PRESSO L'OCSE / ARCHITECTURAL
COMPETITION FOR THE
CONSTRUCTION OF THE HEAD
OFFICE FOR THE KOREAN
PERMANENT DELEGATION TO
THE OECD
Committente / Client:
Delegazione Permanente della
Repubblica di Corea / Republic of
Korea Permanent Delegation.

SAINT-BENOÎT - LA RÉUNION
GARA D'APPALTO PER
LA COSTRUZIONE DI UN POLO
SANITARIO SUL SITO BRAS-FUSIL /
ARCHITECTURAL COMPETITION FOR
THE CONSTRUCTION OF THE EAST
MEDICAL CENTRE ON THE SITE
OF BRAS-FUSIL

SAINT-PIERRE - LA RÉUNION
GARA D'APPALTO PER LA COSTRUZIONE
DI UN POLO DONNA-MADRE-BAMBINO /
ARCHITECTURAL COMPETITION FOR THE
CONSTRUCTION OF A MEDICAL CENTRE
FOR WOMEN, MOTHERS AND CHILDREN

Direttori del progetto / Project leaders:
Christian Chopin, M. Bartek Kozielewski
(concorso / competition),
Ouiza Abdat (studi, cantiere / studies,
site supervision);
équipe / team:
Frédéric Alligorides, Yvan Bourgeois,
Jérôme Levifve, Jacques Levy-Bencheton,
Mohamed Marchoud, Stéfanie Matthys,
Cyril Pressacco, Martin Prévost,
Magdalena Sroczynska, Elodie Vadepied,
Anissa Ybert.
Procedura di ideazione/realizzazione con /
Design/construction procedure with:
impresa mandataria / lead contractor:
Rabot-Dutilleul Construction, Wasquehal.
Ufficio studi sui fluidi / Consulting
engineers, utilities: Sodeg Ingénierie,
Villeneuve d'Asq.
Gestione cucina / Kitchen process:
Quidort, Lyon.
Gestione lavanderia / Laundry process:
Kannegiesser, Nanterre.
Prospettivisti / Architectural renderers:
Artefactory, Paris, Jérôme Préost.

Programma / Programme:
progettazione di un edificio
destinato ad uffici /
fitting out an office building.
Superficie coperta netta /
Net plan area: 3 000 m²
Importo dei lavori: 7 M€
Cost of works: €7 M excl. VAT
Progetto e direzione dei lavori /
Project manager:
Brunet Saunier Architecture.
Direttore del progetto / Project
leader: Pierre Chanh-Van Truong.
Ufficio studi sulla struttura /
Consulting engineers, structure:
Terrell International,
Boulogne-Billancourt.
Ufficio studi sui fluidi / Consulting
engineers, utilities: Bethac, Bondy.
Economo / Surveyor:
Philippe Talbot & Associés,
Chaville.
Prospettivista / Architectural
renderer: Artefactory, Paris.

Committente / Client:
Syndicat interhospitalier + Icade G3A.
Programma / Programme:
294 letti / 294 beds.
Superficie coperta netta /
Net plan area: 24 000 m²
Importo dei lavori: 39 M€
Cost of works: €39 M excl. VAT
Progetto e direzione dei lavori /
Project manager:
Brunet Saunier Architecture.
Direttore del progetto / Project leader:
Stéphane Cachat.

Committente / Client:
Groupe hospitalier Sud-Réunion.
Programma / Programme:
207 letti / 207 beds.
Superficie coperta netta /
Net plan area: 20 400 m²
Importo dei lavori: 39 M€
Cost of works: €39 M excl. VAT
Progetto e direzione dei lavori /
Project manager:
Brunet Saunier Architecture.
Direttori del progetto / Project leaders:
Stéphane Cachat, M. Bartek Kozielewski.

2005

LAGNY - MARNE-LA-VALLÉE
NUOVO OSPEDALE DI LAGNY - MARNE-LA-VALLÉE /
NEW LAGNY - MARNE-LA-VALLÉE HOSPITAL
Ubicazione / Location:
ZAC du Pré au Chêne - commune de Jossigny.
Committente / Client:
Centre hospitalier de Lagny - Marne-la-Vallée.
Programma / Programme:
460 letti + 125 letti reparto psichiatria
+ polo logistico / 460 beds + 125 psychiatric beds
+ logistics centre.
Superficie coperta netta / Net plan area: 72 000 m²
Importo dei lavori: 137 M€
Cost of works: €137 M excl. VA
Calendario / Programme:
gara d'appalto / architectural competition: 2005;
consegna / delivery: 2010.
Progetto e direzione dei lavori / Project manager:
Brunet Saunier Architecture.
Direttore del progetto/ Project leader: Olivier Contré;
architetti / team: Xavier Alfonsi, Frédéric Alligorides,
Valérien Amalric, Chacha Atallah, Charles Bazzaz,
Pascale Blin, Mauve Esteoule-Sibilli, François Gallet,
Estelle Grosberg, Philippe Harden, Zeina Khawam,
Mathilde Le Reste, Jérôme Levifve, Ana Markovic,
Monica Mittermayer, Franck Murat, Julie Rosier,
Phuong Pham Hoang, Michel Roux Dorlut, Mounia Saïah,
Nicolas Senly, Laurence Sou, Isabelle Vasseur.

CORBEIL-ESSONNES
GARA D'APPALTO PER LA COSTRUZIONE DEL
CENTRE HOSPITALIER SUD-FRANCILIEN -
Procedura P.P.P. (partenariato pubblico privato) /
ARCHITECTURAL COMPETITION FOR THE
CONSTRUCTION OF
THE CENTRE HOSPITALIER SUD-FRANCILIEN
- P.P.P. procedure (Public Private Partnership)

CHALON-SUR-SAÔNE
GARA D'APPALTO PER L'IDEAZIONE E LA
REALIZZAZIONE DEL PALAZZO DI GIUSTIZIA /
ARCHITECTURAL COMPETITION
FOR THE DESIGN AND CONSTRUCTION OF
THE LAW COURTS

Architetto incaricato dal CdA dell'ospedale / Specialised
hospital architect:
Gerold Zimmerli, Sceaux.
Ufficio studi sulla struttura / Consulting engineers,
structure: Terrell International,
Boulogne-Billancourt.
Ufficio studi sui fluidi / Consulting engineers, utilities:
Sodeg Ingénierie, Villeneuve d'Asq.
Ufficio studi sulle facciate / Consulting engineers,
elevations: Arcora.
Alta Qualità Ambientale / Consulting engineers HEQ:
S'Pace Environnement.
Economo / Surveyor:
Philippe Talbot & Associés, Chaville.
Paesaggista / Landscape designer:
Pena & Pena - Pierre Edouard Larivière, Paris.
Sistemi Sicurezza Incendi / Fire safety: Vulcaneo.
Acustica / Acoustic specialist:
Delphi, Villiers-sur-Marne.
Prospettivista / Architectural renderer:
Xavier Depaule.
Bozzettista / Model maker: Alpha Volumes, Paris.

Committente / Client:
Socogim, Rueil-Malmaison ;
Impresa generale / main constructor:
Vinci Construction France.
Programma / Programme: 1 000 letti / 1,000 beds.
Superficie coperta netta /
Net plan area: 200 000 m²
Importo dei lavori: 300 M€
Cost of works: €300 M excl. VA
Progetto e direzione dei lavori / Project manager:
Brunet Saunier Architecture.
Direttore del progetto / Project leader:
Olivier Contré.
Architetto associato / Associate architect:
Jean-Paul Viguier.
Responsabile del progetto di costruzione /
Programmer: Apor.
Ufficio studi / Consulting engineers:
Thales et Trouvin.
Ufficio studi sulle facciate / Consulting
engineers, elevations: Arcora.
Economo / Surveyor: Philippe Talbot & Associés.
Acustica / Acoustic specialist:
Acoustique Conseil.
Prospettivista / Architectural renderer:
Xavier Depaule.

Committente / Client: Ministère de la Justice
rappresentato dall' / by l'AMOTMJ
- Agence de maîtrise d'ouvrage des travaux
du ministère de la Justice, Paris.
Programma / Programme: ampliamento
e ristrutturazione del Palazzo di Giustizia /
extension and restructuring
of the law courts.
Superficie coperta netta / Net plan area: 9 300 m²
Importo dei lavori: 14 M€
Cost of works: €14 M excl. VA
Progetto e direzione dei lavori / Project manager:
Brunet Saunier Architecture.
Direttore del progetto / Project leader:
Stéphane Cachat.
Architetto operativo / Project architect:
Architectes Studio, Chalon-sur-Saône.
Ufficio studi sulla struttura / Consulting
engineers, structure: Terrell International,
Boulogne-Billancourt.
Ufficio studi sui fluidi / Consulting engineers,
utilities: Bethac, Bondy.
Economo / Surveyor:
Philippe Talbot & Associés, Chaville.
Prospettivista / Architectural renderer:
Artefactory, Paris.
Bozzettista / Model maker: Alpha Volumes, Paris.

METZ
GARA D'APPALTO PER L'IDEAZIONE-
COSTRUZIONE DEL NUOVO OSPEDALE
DI METZ-THIONVILLE / ARCHITECTURAL
COMPETITION FOR THE DESIGN AND
CONSTRUCTION OF
THE NEW METZ-THIONVILLE HOSPITAL
Committente / Client:
Centre hospitalier régional Metz-Thionville.
Programma / Programme: 640 letti / 640 beds.
Superficie coperta netta /
Net plan area: 77 000 m²
Importo dei lavori: 150 M€
Cost of works: €150 M excl. VAT
Progetto e direzione dei lavori /
Project manager:
Brunet Saunier Architecture.

GONESSE
GARA D'APPALTO PER LA COSTRUZIONE
DEL CENTRO OSPEDALIERO DI GONESSE /
ARCHITECTURAL COMPETITION FOR
THE CONSTRUCTION OF THE GONESSE
HOSPITAL CENTRE
Committente / Client:
Centre hospitalier de Gonesse.
Programma / Programme: 500 stanze
Attività medico-chirurgiche e ostetriche
+ polo logistico / 500 bedrooms.
Medical, surgical and obstetrics activities +
logistics centre.
Superficie coperta netta /
Net plan area: 80 000 m²
Importo dei lavori: 108 M€
Cost of works: €108 M excl. VAT
Progetto e direzione dei lavori /
Project manager:
Brunet Saunier Architecture.

GINEVRA
OSPEDALE UNIVERSITARIO DI GINEVRA
GENEVA
GENEVA UNIVERSITY HOSPITAL
Ubicazione / Location: tra boulevard
de la Cluse e avenue de la Roseraie /
between Boulevard de la Cluse and
Avenue de la Roseraie.
Committente / Client:
République et canton de Genève /
Swiss State and City of Geneva.
Programma / Programme:
2° padiglione letti, 450 letti, ampliamento
dell'ospedale e riqualificazione dello spazio
pubblico, 15 unità di cure intensive /
2nd patient bedroom building, 450 beds,
hospital extension and reconfiguration
of the public space, 15 acute care units.
Superficie coperta netta /
Net plan area: 40 700 m²
Importo dei lavori: 110 M€
Cost of works: €108 M excl. VAT
Calendario / Programme:
gara d'appalto /
architectural competition: 2005;
consegna / delivery: 2013.

2006

NIZZA / NICE
CONCORSO PER
PROMOTORI/OPERATORI/COSTRUTTORI
PER LA REALIZZAZIONE DI UN
COMPLESSO ALBERGHIERO SOFITEL /
DEVELOPER/OPERATOR/BUILDER
COMPETITION FOR THE CONSTRUCTION
OF A SOFITEL HOTEL COMPLEX

Direttore del progetto / Project leader:
Michal Kozielewski.
Procedura di ideazione-costruzione con /
Design-construction procedure with:
Impresa mandataria / Lead contractor:
Sogea Est, Pont-à-Mousson.
Architetto operativo / Project architect:
Paulin & Mariotti, Montigny-lès-Metz.
Ufficio studi / Consulting engineers:
Sirr Ingénierie, Illkirch, Sodeg Ingénierie,
Villeneuve d'Asq.
Prospettivisti / Architectural renderers:
Artefactory, Paris, Frédéric Manen.
Imprese / Contractors:
Chanzy-Pardoux, Marly ; Demathieu & Bard,
Montigny-lès-Metz, Soludec, L-Bascharage.

Direttore del progetto / Project leader:
Philippe Vasseur.
Architetto incaricato dal CdA dell'ospedale /
Specialised hospital architect:
Gerold Zimmerli, Sceaux.
Ufficio studi, economo /
Consulting engineers and surveyors:
Jacobs France, Paris.
Paesaggista / Landscape designer:
Pena & Pena, Paris.
Alta Qualità Ambientale / HEQ:
S'pace Environnement, Ivry-sur-Seine.
Grafici / Graphic designers:
Philippe Harden, Paris,
Xavier Depaule & Associés, Marseille.
Bozzettista / Model maker:
Alpha Volumes, Paris.

Progetto e direzione dei lavori /
Project managers:
Brunet Saunier Architecture,
Odile Seyler et Jacques Lucan, Paris,
Gerold Zimmerli, Sceaux.
Direttore del progetto / Project leader:
Astrid Beem;
architetti / team: Frédéric Alligorides,
Cédric Baelde, Franck Courari,
Stéfanie Matthys, Renaud Marret,
Stéphane Zimmerli.
Architetto operativo - economo /
Associate architect and surveyor:
Burckhard et Partner, Genève.
Ufficio studi / Consulting engineers:
Thomas Jundt Ingénieurs civils,
Carouge, Svizzera.
Ufficio studi sulle facciate /
Consulting engineers, elevations:
Emmer-Pfeninger, Bâle.
Ufficio studi sui fluidi /
Consulting engineers, utilities: Patrice Anstet.
Prospettivista / Architectural renderer:
Xavier Depaule.

Committente / Client: Accor, Paris.
Programma / Programme:
200 camere / 200 bedrooms.
Superficie coperta netta /
Net plan area: 20 000 m²
Importo dei lavori: 50 M€
Cost of works: €50 M excl. VAT
Progetto e direzione dei lavori /
Project manager:
Brunet Saunier Architecture.
Direttore del progetto / Project leader:
Philippe Vasseur.
Prospettivisti / Architectural renderers:
Xavier Depaule, Philippe Harden.
Bozzettista / Model maker:
Alpha Volumes, Paris.

BELFORT-MONTBÉLIARD
NUOVO OSPEDALE (SITO MEDIANO) /
NEW HOSPITAL (MEDIAN SITE)
Ubicazione / Location: Commune de Trévenans
Committente / Client:
Centre hospitalier di Belfort-Montbéliard.
Programma / Programme: 612 letti / 612 beds.
Superficie coperta netta / Net plan area: 70 000 m²
Importo dei lavori: 133 M€
Cost of works: €50 M excl. VAT
Calendario / Programme:
gara d'appalto / architectural competition: 2006;
consegna / delivery: 2012.
Progetto e direzione dei lavori / Project manager:
Brunet Saunier Architecture.
Direttore del progetto / Project leader: Olivier Contré;
architetti / team: Frédéric Alligorides, Cédric Baelde,
Charles Bazzaz, Pascale Blin, Franck Courari,
Karine Grimaux, Phuong Pham Hoang, Julie Rosier,
Mounia Saïah, Laurence Sou.
Architetto incaricato dal CdA dell'ospedale /
Architecte conseil hospitalier:
Gerold Zimmerli, Sceaux.

LIONE / LYON
EDIFICIO PER UFFICI / OFFICE BUILDING
Ubicazione / Location: ZAC Thiers a Lione /
ZAC Thiers in Lyon.
Committente / Client:
SCI Lyon-Thiers, Boulogne-Billancourt,
rappresentata da / represented by
Icade Tertial Regions, Lyon.
Programma / Programme: edificio per uffici
+ parcheggio sotterraneo / office building
+ basement car park.
Superficie coperta netta / Net plan area: 15 000 m²
Importo dei lavori: 24,6 M€
Cost of works: €24.6 M excl. VAT
Calendario / Programme:
gara d'appalto / architectural competition: 2006;
consegna / delivery: 2009.
Progetto e direzione dei lavori / Project manager:
Brunet Saunier Architecture.
Direttore del progetto / Project leader: Marc Chassin;
architetti / team: Astrid Beem, Delphine Lottin,
Elena Martinez-Caraballo, Stéfanie Matthys,
Phuong Pham Hoang, Agnès Plumet, Élodie Vadepied.

2007

VARSAVIA / WARSAW
GARA D'APPALTO INTERNAZIONALE
PER LA COSTRUZIONE DEL MUSEO DI ARTE
CONTEMPORANEA / INTERNATIONAL
ARCHITECTURE COMPETITION
FOR THE CONSTRUCTION OF THE MUSEUM
OF CONTEMPORARY ART

Architetto operativo / Associate architect:
Serge Gaussin & Associés, Mulhouse.
Ufficio studi ed economo /
Consulting engineers and surveyors: Sirr Ingénierie.
Paesaggista / Landscape designer:
Pena & Pena, Sensitive.
Alta Qualità Ambientale / HEQ: Tribu, Paris.
Acustica / Acoustic specialist:
Delphi, Villiers-sur-Marne.
Prospettivisti / Architectural renderers:
Encore Heureux, Xavier Depaule, Philippe Harden.
Bozzettista / Model maker: Alpha Volumes, Paris.

Ufficio studi ed economo /
Consulting engineers and surveyors: Arcoba.
Ufficio studi sulle facciate /
Consulting engineers, elevations: Arcora.
Profili ingegneristici e coordinazione /
Engineering and coordination: Getci, Lyon.
Prospettivista / Architectural renderer:
Xavier Depaule.
Grafico / Graphic designer: Philippe Harden.

Committente / Client:
Città di Varsavia / City of Warsaw.
Programma / Programme: museo / museum.
Superficie coperta netta / Net plan area: 35 620 m²
Importo dei lavori: 54 M€
Cost of works: €54 M excl. VAT
Progetto e direzione dei lavori / Project manager:
Brunet Saunier Architecture,
in associazione con / in association with:
Atelier 9 Portes, Paris
(Barbara et Michal Kozielewski, Olivier Rozé),
Philippe Harden, Paris.

BIOGRAFIA / BIOGRAPHY

Jérôme Brunet e Éric Saunier hanno fondato il loro studio nel 1981. Vincitori degli "Albums de la jeune architecture" nel 1982, hanno realizzato opere innovative in vetro per i laboratori di ricerca dei Musei di Francia al Louvre nel 1989 e per il centro amministrativo di Saint-Germain-en-Laye nel 1992, ottenendo il premio speciale Verre Feuilleté nello stesso anno. Dopo aver realizzato edifici di vario genere quali il complesso scolastico della Placette a Nîmes (1991), il conservatorio nazionale di musica e danza di Chalon-sur-Saône (1995), la sede regionale della Banca di Francia a Montpellier (1996) o gli alloggi sociali sul sito Paris Seine Rive Gauche (1997), i due architetti costruiscono, nel 1998, i laboratori del Technocentro di Renault a Guyancourt e i locali universitari provvisori nel campus di Jussieu a Parigi. Nel 2002 completano il teatro dell'Università Paul Valéry a Montpellier, il Centro di risorse documentarie multimediali per il ministero degli Affari sociali a Parigi e, nel 2003, la Scuola di musica, danza e arte drammatica di Le Havre. Nel settore privato, lo studio Brunet Saunier ha portato a termine nel 2006 la sede sociale della Siemens a Saint-Denis. Attualmente in fase di studio sono i progetti dell'edificio per uffici a Lione (2006-2009) e il centro commerciale di Tourcoing (2001-2010). Dal 1994, Brunet e Saunier sviluppano fortemente la loro attività nel campo dell'architettura sanitaria realizzando nel 1999 l'Istituto Saint-Pierre à Palavas-les-Flots e nel 2003 l'ospedale pediatrico Clocheville a Tours. I centri ospedalieri di Cannes (2001-2009), Toulon-la-Seyne (2002-2010) e Douai (2001-2008), come pure l'ampliamento dell'ospedale Saint-Eloi per il Centro ospedaliero universitario di Montpellier (2002-2008) e l'Istituto per la vista del centro nazionale d'oftalmologia Quinze-Vingts a Parigi (2004-2008), sono in fase di costruzione. I centri ospedalieri di Lagny - Marne-la-Vallée, Chalon-sur-Saône, Belfort-Montbéliard, la struttura sanitaria per bambini e adolescenti a Nantes nonché l'ampliamento dell'ospedale universitario di Ginevra, concorso vinto nel 2006, sono attualmente in fase di studio. Nel campo dell'architettura ospedaliera, Brunet e Saunier hanno ottenuto numerosi premi, candidature e studi di ricerca. Grazie al concetto "dé-architecturer l'hôpital" (che tradotto alla lettera equivale più o meno a eliminare l'architettura da ospedale), ricevono nel 2003 il premio Dexia "Hôpital 2010". In collaborazione con EDF, realizzano nel 2006 un progetto innovatore sull'ospedale del futuro, l'"ospedale globale". Oggi lo studio ruota intorno a Jérôme Brunet ed è diretto dal socio Vincent Marchand, architetto e ingegnere. La direzione informatica è affidata all'architetto Jacques Levy-Bencheton.

Jérôme Brunet and Éric Saunier founded their agency in 1981. Winners of the Albums de la Jeune Architecture prize in 1982, their innovative use of glass for the French museums research laboratories in the Louvre in 1989 and the Saint-Germain-en-Laye administrative centre three years later saw them awarded the special "Laminated Glass" prize in 1992. They have designed a large number of different types of buildings that include the Placette school complex in Nîmes in 1991, the Chalon-sur-Saône national conservatory of music and dance in 1995, the regional Banque de France head office in Montpellier in 1996, subsidised social housing on the Paris Seine Rive Gauche site in 1997, and the Renault Technocentre laboratories in Guyancourt as well as temporary university premises for the Jussieu campus in Paris in 1998. In 2002, they delivered the theatre for the Paul Valéry faculty of humanities in Montpellier and the multimedia documentary resources centre for the Ministry for Social Affairs in Paris and, in 2003, the school of music, dance and performing arts in Le Havre. In the private sector, the Brunet Saunier agency delivered the Siemens head office in Saint-Denis in 2006. An office building in the Thiers urban redevelopment zone in Lyon (2006-2009) and the Tourcoing shopping centre (2001-2010) are currently in the design phase. Since 1994, they have increasingly developed their activity in the health sector and, in 1999, designed the Institut Saint-Pierre in Palavas-les-Flots and the Clocheville paediatrics hospital in Tours in 2003. Hospital centres in Cannes (2001-2009), Toulon-la-Seyne (2002-2010) and Douai (2001-2008), as well as the extension to the Saint-Eloi hospital for the Montpellier University Hospital (2002-2008) and the Institute of Vision for the national Quinze-Vingts hospital centre in Paris (2004-2008) are currently being built. The hospital centres in Lagny - Marne-la-Vallée, Chalon-sur-Saône, Belfort-Montbéliard and the health care facility for children and adolescents in Nantes, as well as the extension to the university hospital in Geneva, a competition won in 2006, are currently in the design phase. They have been awarded several prizes, nominations within the framework of their hospital activity and received the Dexia "Hôpital 2010" prize for their "de-architecturing the hospital" concept in 2003. In partnership with EDF (electricity board), the agency is developing in 2006 an innovative hospital concept for the hospital of tomorrow: the "global hospital". The agency is currently organised around Jérôme Brunet and managed by his associate, Vincent Marchand, architect and engineer. The computer systems department is run by Jacques Levy-Bencheton, architect.

Ouiza Abdat
Xavier Alfonsi
Frédéric Alligorides
Valérian Amalric
Chacha Atallah
Cédric Baelde
Catherine Bai-Brunet
Abdelhafid Bairi
Éric Bartolo
Charles Bazzaz
Astrid Beem
Audrey Bercoff
Maja Berger
Jocelyn Berteloot
Diana Bettencourt da Camara
Emmanuel Biard

Anne Carcelen
Philippe Carol
Marc Chassin
Tahar Cheref
Christian Chopin
Nicolas Constantin

Julie Doubeski
Asli Pinar Ertesin
Mauve Esteoule-Sibilli
Jürgen Fallert
Laurent Fayard
Ludovic Forest
Martin Fougeras-Lavergnolle
François Gallet
Maxime Gasperini
Fiona Gillian-Copstick

Pia Birtel
Johanne Bismuth
Frédérique Blondiaux
Marie Bodiguel
Eduardo Bonamin
Catherine Bonnier
Jean-François Bourdet
Yvan Bourgeois
Claire Bressand
Jérôme Brunet
Juliette Brunet
Véronique Brunet
Arnaud Bruyelle
Stéphane Cachat
Florence Canal
Clemence Cantenot

Olivier Contré
Franck Courari
Maria-So De Noronha
Samuel Delmas
Claudia Dieling
Tugay Dindar

Maryline Gillois
Ulisse Gnesda
Karine Grimaux
Estelle Grosberg
Philippe Harden
Anna-Inés Hennet
David Hingamp
Céline Hubert
Gaël Huitorel
Margaret Iragui-Lejeune

Margit Jahn
Franck Jaoui
Guillaume Jullian
Jean-Pierre Kerdoncuff
Zeina Khawam
M. Bartek Kozielewski
Christophe Kuntz
Cyrille Lambin
Philippe Lê
Régine Le Couteur
Mathilde Le Reste
Boris Le Roux

Frédéric Manen
Vincent Marchand
Adélaïde Marchi
Nicola Marchi
Mohamed Marchoud
Bastien Marion
Ana Markovic
Renaud Marret
Lindsay-Ann Martin
Élena Martinez-Caraballo
Federico Masotto
Stéfanie Matthys
Alberto Medem
Vincent Mégrot
Monika Mittermeyer
Maria Moldoveanu
Érik Mootz
Cécile Muller

Lionel Renouf
Jean-Michel Reynier
Grégory Roch-Riglet
Julie Rosier
Michel Roux-Dorlut
Mounia Saïah
Nafissa Saïah
Fiona Scherkamp
Maria Scicolone-Ingala
François Sempé
Caroline Sené
Nicolas Senly
Pablo Serralta
Derk Sichtermann

Baptiste Lebihan
Marine Leconte
Philippe Ledoux
David Lefrant
Jérôme Levifve
Jacques Levy-Bencheton
Rony Levy-Brem
Delphine Lottin
Jean-Christophe Louis
Éva Lovato
Xiaojing Lu
Paola Lucan
Laetitia Manceau

Franck Murat
Étienne Navarro
Carin Nilsson-Demay
Laurent Noël
Camille Nourrit
Alix Papertian
Clara Perben
Xavier Perret
Céline Perrin
Hoang-Phuong Pham
Ghislaine Picard
Alexandra Plazanet
Agnès Plumet
Lila Pooler
Cyril Pressacco
Martin Prévost
Isabelle Redon

Laurence Sou
Magdalena Sroczynska
Angela Tandura
Pierre Chanh-Van Truong
Marie-Hélène Torcq
Élodie Vadepied
Isabelle Vasseur
Philippe Vasseur
Lydie Vega-Sanchez
Anissa Ybert
Dominique Zentelin
Éric Zimmerli
Gerold Zimmerli
Stephane Zimmerli

Lo studio Brunet Saunier Architecture, Jérôme Brunet e Ante Prima Consultants, Luciana Ravanel esprimono la loro gratitudine a tutti coloro che hanno contribuito alla realizzazione di questo libro.
Agence Brunet Saunier Architecture, Jérôme Brunet and Ante Prima Consultants, Luciana Ravanel are grateful to all those who have contributed to the creation of this book.

Questo volume è stato realizzato con il sostegno di /
This book was prepared with the support of:
Vinci Construction France

e/and
Arcora / Erco Lumières / Rabot Dutilleul / Rinaldi Structal

Jérôme Brunet ringrazia in particolar modo: /
Jérôme Brunet would particularly like to thank:

Xavier Alfonsi, Paul Ardenne, Cédric Baelde, Marie-Ange Bisseuil, Véronique Brunet, Anna-Inés Hennet, Chloé Lamotte, Marine Leconte, Régine Le Couteur, Jacques Lévy Bencheton, Vincent Marchand, Yves Marchand, Romain Meffre, Jean-Marie Monthiers, Clara Perben, Éric Pol-Simon, Luciana Ravanel, Sebastian Redecke et/and Geoffroy Staquet,

per il loro contributo al presente volume. /
for their work on the book.

Ringrazia inoltre: /
He also thanks:

Franck Argentin, Pascale et Olivier Arnaud, Catherine Bai, Pascale Blin, Charlotte Brunet, Juliette Brunet, Rosa Brunet, Jean-Christophe Desagneaux, Olivier Grosse, Georges Petit, Jean-Marie Pierson, Marcel Rufo, Emmanuel Sauvage et/and Philippe Uzzan.

Produzione / Production:
Ante Prima Consultants, Paris
Direzione editorale / Producer:
Luciana Ravanel
Redazione e coordinamento editoriale / Coordination and editorial work:
Chloé Lamotte /
Anna-Inés Hennet / Agence Brunet Saunier Architecture

Autori / Authors:
Saggi / Essays: Paul Ardenne e / and Sebastian Redecke
Note di presentazione / Presentations: Marie-Ange Bisseuil

Concezione grafica / Graphic design:
Éric Pol-Simon

Ritocchi fotografici / Model and photo manipulation:
Bernard Dormières

Traduzioni / Translators:
Brigitte Borsdorf / Nick Hargreaves
Marcella Mancini e Giovanni Agnoloni per Scriptum, Roma

Crediti fotografici / Photo credits:
Xavier Alfonsi: pp 34-35, 44, 48-49, 66, 68, 69, 70,71, 96-97, 146, 148-149,
151, 156-157
Archives départementales des Hauts-de-Seine, 16 J: p 188
Artefactory: pp 72-73, 125, 176, 179, 180-181, 182-183, 185
Brunet Saunier Architecture: pp 36, 64, 67-70, 82, 111, 124, 140, 153, 186,
187, 200
Xavier Depaule: pp 85, 86-87, 88-89, 116-117, 118-119, 121, 174-175, 198, 201,
203, 204-205, 206, 207
Philippe Harden: pp 80-81, 126-127, 129, 158, 160-161, 162, 163, 165, 208-209
Odile Seyler & Jacques Lucan OSJL: pp 166, 170, 172
Yves Marchand & Romain Meffre: pp 74, 77, 78-79, 98, 101, 102-103, 104,
106-107, 108-109, 110, 112, 113, 192, 195, 196, 197
Jean-Marie Monthiers: pp 38, 39, 40-41, 42, 47, 50, 51, 52, 54-55, 56, 57,
58, 59, 60-61, 62-63, 90, 92, 93, 130, 132, 133, 134, 135, 136, 138, 141, 142, 143,
144, 145, 150, 152, 190, 191

Edizioni / Publisher:
Silvana Editoriale
via Margherita De Vizzi, 86
20092 Cinisello Balsamo (Milano)

Stampa / Printing:
Ingoprint, Barcelona, Spain